14.95

POESÍAS ESCOGIDAS

MARTIN CARTER

SELECTED POEMS

POESÍAS ESCOGIDAS

MARTIN CARTER

SELECTED POEMS

Traducidas Por Salvador Ortiz-Carboneres

Edited by David Dabydeen

PEEPAL TREE

First published in Great Britain in 1999
Peepal Tree Press Ltd
17 King's Avenue
Leeds LS6 1QS

ISBN 1 900715 39 2

THIS PUBLICATION HAS BEEN SPONSORED BY
UNESCO

Thanks also to Marjorie Davies, Secretary, Centre for
Caribbean Studies, University of Warwick, for typing
and other administrative tasks.

Dedication

To Phyllis Carter, and the children:
Keith, Sonia, Howard and Michelle

CONTENTS

CONTENTS

INTRODUCCIÓN A LAS POESÍAS ESCOGIDAS DE MARTIN CARTER

Gemma Robinson

Martin Wylde Carter nació el 7 de junio de 1927 en Georgetown, Guyana, entonces la capital colonial de la Guayana Inglesa. Se le recuerda mayormente en el Caribe angloparlante como el poeta que en 1954 publicó una obra clamorosamente anticolonial con el título de *Poesías de Resistencia de la Guayana Inglesa*. Sin embargo, la singular reputación de Carter por su compromiso político representa falsamente el vasto trayecto de sus inquietudes poéticas. Como esta selección de sus poesías demuestra, el denso, a menudo cuerpo lírico de su obra transforma con éxito referencias históricas y personales para crear una poesía que resuena más allá del tiempo y del espacio de su composición.

Una ojeada al pasado familiar de Carter no nos encamina claramente al rumbo que iba a tomar su vida. Nació en una familia de clase media y de raza mixta, africana, europea e india; asistió al colegio de Queen, el colegio más prestigioso de la colonia, y pronto después de dejar el colegio se hizo funcionario público. Esta corta biografía de un joven que crecía en la Guayana Inglesa hubiera sido suficiente para muchos hombres del Imperio Británico, pero Carter, que cumplió dieciocho años al terminar la Segunda Guerra Mundial, y que supo de los movimientos de liberación de la India y Malaya a finales de los años cuarenta, formaba parte de una generación descontenta de gente colonial que se opondría a la vida trazada para ella por el Imperio Británico. Como funcionario público Carter trabajó como secretario del Superintendente de Prisiones; sin embargo, en su poesía contemporánea el símbolo de la prisión estuvo vinculado a la crítica de la sociedad colonial. En 1952 publicó dos panfletos - *El Aguila Amable (Poesías de Prisión)* y *El Hombre Escondido (Otras Poesías de Prisión)*.- Las poesías, 'Yo tiendo la mano' y 'Tú estás comprometido', fueron publicadas en primer lugar en estas colecciones, y el estribillo de la segunda poesía '¡todos estamos comprometidos! / ¡todos somos consumidos!', se convirtió en un grito a la unión para el pueblo guyanés en su llamada por la independencia.

Como miembro del comité ejecutivo del Partido Progresivo del Pueblo (PPP) liderado por Cheddi Jagan y Linden Forbes Burnham, Carter desempeñó un papel importante en la política guyanesa durante los primeros años de la década de los cincuenta, haciendo campaña por el PPP por todo el país, asistiendo a congresos comunistas en Europa, y contribuyendo con ensayos y poesías al periódico del PPP, *Trueno*. Cuando el PPP ganó una victoria aplastante en las elecciones de 1953, la política guyanesa alcanzó un dramático lanzamiento internacional. Los principios del partido socialista, su llamada por la independencia y la reforma constitucional enajenaron pronto al gobierno anticomunista de Eisenhower en América y al gobierno conservador en pro del Imperio Británico liderado por Winston Churchill. El día 9 de octubre de 1953, después de sólo 133 días de gobierno y con las tropas británicas ocupando las calles de Georgetown, la constitución fue abolida, los ministros del PPP perdieron sus cargos y fue declarado el estado de emergencia. Como respuesta, los miembros del PPP empezaron una campaña de desobediencia civil, y durante los últimos meses de 1953 y a través de 1954 los miembros del partido fueron encarcelados por las leyes de emergencia. Para Martin Carter, -encarcelado dos veces entre 1953 y 1954, su casa registrada en busca de «literatura subversiva», separado de su mujer Phyllis y su nueva familia, y sin poder comunicarse con sus camaradas,- este período constituyó 'los días oscuros'.

Sin embargo, estos días fueron también días fértiles poéticamente: en sus visitas Phyllis Carter sacaba a escondidas las poesías más recientes de su marido. Aunque su obra nunca fue puesta en la lista negra (como la de la mayoría de los escritores americanos y británicos comunistas) poesías como 'Cariño, éstos son los días oscuros' y 'Yo vengo del cercado de la negrada' anuncian claramente la poética revolucionaria de Carter y su amenaza al statu quo -'Yo vengo del cercado de la negrada de ayer / huyendo del odio opresor / y del desprecio de mí mismo'. Como el poeta socialista Bertolt Brecht escribió en los años treinta: 'En los días grises ¿habrá también cantos?./ Sí, habrá cantos /sobre los días oscuros.[1]

Sin embargo, a Carter no se le debe considerar simplemente como un portavoz del PPP. Su trabajo fue publicado en primer lugar en 1948 en *Kyk-Over-Al*, la revista cultural y literaria editada por el poeta

guyanés, A. J. Seymour. Seymour no apoyaba la política radical de
Carter, pero su revista proporcionaba una tribuna en la que las ideas
sobre el estado y la naturaleza de la identidad caribeña podían ser
discutidas. Gracias a Seymour se publicó '*La colina de fuego fulgura roja*'
(1951). Además, fue él, el primero en publicar la poesía seminal
'Universidad del hambre', cuando Carter estaba en la cárcel. Aunque
Carter dejó el PPP en los últimos años de la década de los cincuenta,
después de ser acusado de ser ultra-izquierda, su poesía siguió con la
preocupación por el legado histórico y las condiciones sociales de la
gente que vivía en el Caribe. Pero si la poesía perseveró, la dirección
de la carrera de Carter cambió después de dimitir de su empleo en
el gobierno y empezar a trabajar de maestro. En 1959, se trasladó al
conglomerado azucarero, Bookers, como oficial de información; la
ironía de trabajar en un establecimiento colonial no escapaba a
Carter, pero la dirección de la política colonial había cambiado, y
Carter entró en una empresa que se estaba reestructurando para la
independencia de Guyana.

Carter volvió a la política en 1967, y a un sistema político que
todavía sufría a causa del camino turbulento de Guyana hacia su
independencia en 1966. Las poesías tales como 'Al gemir en este
yermo' y 'Viernes negro, 1962' nos dan una narrativa inquietante del
conflicto racial y de las tensas relaciones sociales que definen los
primeros años de la década de los sesenta en Guyana:

> Y yo estuve con todos ellos,
> cuando el sol y las calles explotaron,
> y una ciudad de empleados
> ¡se transformó en una ciudad de hombres!
> [...]
> Ahora obsesionado, conmemoro con palabras
> todos los orígenes de la creación, rameras y vírgenes;
> lo hago con una mano sobre una ingle,
> teniendo fe total en este camino, ¡ya que los otros son falsos![2]

Los disturbios, el incendio de Georgetown y las muertes de más de
cien guyaneses impulsaron la poesía de Carter; aunque hay otra
preocupación que se remonta a su época de 'Escuchando la tierra' y

'Dicen que soy': la construcción y el uso del lenguaje poético. Un trabajo tal como 'Viernes negro, 1962' irónicamente «celebra» las libertades gozadas en la evolución de la nación guyanesa, y Carter expresa claramente la imposibilidad de forzar la lengua para interpretar la experiencia por escrito, así como representar el potencial volátil de la lengua para rehacer aquella experiencia. Como Ministro de Información y Cultura de 1967 a 1970, el entusiasmo inicial de Carter por esta función característicamente lingüística en el PNC de Burnham (Congreso Nacional del Pueblo), fue reemplazado por su desilusión en la creciente corrupción del gobierno, y el poeta que Andrew Salkey esperaba que pudiera redimir la función del político guyanés - 'un poeta que pudiera dañar muy seriamente el vocabulario estéril y la sintaxis de la burocracia[3]- dimitió, de modo permanente, de la política.

Los conceptos de libertad dominan la poesía de Carter: de la negación de la libertad que caracterizaba a la esclavitud, a la llamada política por la liberación guyanesa, la preocupación social por las libertades individuales y un estudio filosófico de las libertades de expresión conseguidas por la lengua. En los años setenta las amplias reclamaciones por la libertad eran compartidas por la recientemente formada Alianza de la Gente Trabajadora (WPA).

Aunque nunca fuera miembro, Carter simpatizaba con la constante condenación de la constitución dictatorial de Burnham de 1980, y apoyó a la WPA de Walter Rodney en su llamada por un acuerdo entre las razas guyanesas. Los asaltos físicos contra los críticos del gobierno eran frecuentes, y en 1978 Carter fue uno más de los golpeados en una manifestación. Sin embargo, fue el homicidio del Padre Bernard Darke en 1979 y el asesinato de Walter Rodney en 1980 los que caracterizaron la criminalidad tolerada en Guyana. Y lo que es paradójico en Carter, es que durante estos segundos 'días oscuros' él produjo su mejor poesía. En 1977 aparecieron 'Poesías de Sucesión' que contenían una nueva colección, 'El cuando tiempo'. Un peán de crítica de sí mismo a la activista afroamericana Angela Davis, un discurso provocativamente opaco del río Guyuni, una meditación dolorosa sobre el suicidio del poeta de Trinidad, Eric Roach, la sorprendente brevedad y belleza de un poema de amor, 'Antes de la pregunta' y la comedia cruel de 'No hay disturbios', todas son pruebas de la ancha gama de Carter. Y esto fue seguido por las preciosas y a menudo despiadadamente ejecutadas '*Poesías de afinidad*'. El aparente silencio poético de Carter durante la segunda mitad de los sesenta y la primera de los setenta fue un período fecundo de composición. Escribiendo en tabernas en los paquetes de cigarrillos o trabajando en privado en su estudio, Carter produjo una serie de poesías que iban a asegurarle su reputación como el poeta más importante de Guyana.

Carter no emigró del Caribe, como muchos otros escritores de su generación, aunque viajó extensamente (como Ministro de Información y Cultura representando a Guyana en la Asamblea General de la ONU en Nueva York y en 1975 como escritor en residencia en la Universidad de Essex en Inglaterra) en su poesía 'Dos' Carter escribe que 'un poeta no puede hablarse / así mismo salvo en su / propio país' Aun así, Carter no recibió con agrado el título de poeta nacional - el poeta que había recibido el apodo de 'El hombre de la poesía' se negó a escribir siguiendo la demanda pública. Su exigente poesía no conmemora una noción simple de la identidad guyanesa; en verdad en 'Día de la Bastilla-Georgetown' con motivo del homicidio del Padre Darke, Carter escribe una parodia furiosa de la celebración nacional:

Al fin he comenzado
a entender el origen
de nuestra bajeza, y
al no poder negarla, evoco
su nacimiento.
En la vergüenza del conocimiento
de nuestra bajeza, lucharemos.

La precisión de la poesía de Carter se simboliza no sólo en su búsqueda de las palabras justas, sino también por un deseo de enfrentarse con las traumáticas (y posiblemente recuperativas) implicaciones de esa búsqueda.

La última obra de Carter revela un intento continuo de escribir una poesía cristalina que ilumine al mundo con caminos nuevos. Su densamente cercenado lenguaje figurativo, parte de un desarrollo

15

personal constante, incluso intencionadamente esotérico, simbolismo,- provoca conexiones entre aspectos desiguales y reacciones al mundo: ciudad, cercado de la negrada, desdén, amor, río, Navidad, vileza, valor, lluvia, mortalidad, todos en pugna y cooperación en el mundo poético de Carter. En la poesía 'Tres' la escala social se lee en la escala topográfica; como en toda su poesía, Carter se empeña con la mutualidad de la humanidad y el medio ambiente, y la necesidad de verter esta reciprocidad verazmente en el lenguaje:

¿Para qué es la lluvia
excepto para ser delta? ¿Y el delta
excepto para ser el río inmortal
de la lluvia? Una cosa cayendo
siempre de estos mortales
dedos goteantes.

Otra colección estaba planeada, con el título provisional de *Poesías de Mortalidad*, pero después de la apoplejía sufrida en 1992, Carter se quedó sin habla y paralítico. Su muerte el 3 de diciembre de 1997 había seguido a una batalla ganada para recobrar su habla y su movilidad, pero nunca volvió a escribir poesía. La carrera poética de cuarenta años de Carter no le aportó el reconocimiento internacional que su trabajo merecía. Un poeta que escribió desde el único país de habla inglesa de América del Sur, y desde el único país continental del Caribe angloparlante está listo para ser traducido al castellano. Esto no quiere decir que Carter sea un poeta latinoamericano, tampoco que se deba trasplantar el lugar definitivo de su poética, pero el leer su obra en castellano es reconocer lo que siempre ha sido verdad: que este poeta guyanés habla con una voz internacional.

1. Bertold Brecht, 'Motto to the Svendborg Poems', *Poems 1913-1956*, ed. by John Willett and Ralph Manheim (New York and London: Methuen, 1976), p. 320.
2. 'Black Friday 1962', p. 106.
3. Andrew Salkey, *Georgetown Journal*, (Port of Spain and London: New Beacon, 1972), p. 102.

INTRODUCTION TO
SELECTED POEMS OF MARTIN CARTER

Gemma Robinson

Martin Wylde Carter was born on June 7 1927 in Georgetown, Guyana, then the colonial capital of British Guiana. He is most widely remembered in the Anglophone Caribbean as the poet who, in 1954, published a vociferously anti-colonial work titled *Poems of Resistance from British Guiana*. However, Carter's singular reputation for political engagement belies the broad span of his poetic concerns. As this selection of poems demonstrates, his dense, often lyrical corpus of work successfully transforms historical and personal reference to create a poetry which resonates beyond the time and space of its composition.

A glance at Carter's family background does not point obviously to the route which his life was to follow: he was born into a middle-class family of mixed African, Indian and European ancestry, he attended Queen's College, the most prestigious school in the colony, and soon after leaving school he became a civil servant. This brief biography of a young man growing up in British Guiana might have served many men in the British Empire, but Carter, who reached his eighteenth birthday as the Second World War ended, and who by the late 1940s heard about the liberation movements in India and Malaya, was among a dissatisfied generation of colonial people who would resist the life that had been mapped out for them by the British Empire. As a civil servant Carter worked as Secretary to the Superintendent of Prisons, yet in his contemporary poetry the symbol of the prison became linked to a critique of the colonial society: in 1952 he published two pamphlets – *The Kind Eagle (Poems of Prison)* and *The Hidden Man (Other Poems of Prison)*. The poems, 'I Stretch My Hand' and 'You Are Involved', were first published in these collections, and the latter poem's refrain, 'all are involved! /all are consumed!', became a rallying call for the Guyanese population in its appeal for independence.

As a member of the executive committee of the People's Progressive Party (PPP) led by Cheddi Jagan and Linden Forbes Burnham,

Carter played a prominent role in Guyanese politics during the early 1950s, campaigning for the PPP throughout the country, attending Communist congresses in Europe, and contributing essays and poems to the PPP organ, *Thunder*. When the PPP won a landslide victory in the 1953 elections Guyanese politics reached a dramatic international pitch. The party's Socialist principles, its call for independence and for constitutional reform quickly alienated Eisenhower's American anti-Communist government and the British pro-empire Conservative government led by Winston Churchill. On October 9 1953, after only 133 days in office and with British troops occupying the streets of Georgetown, the constitution was suspended, the PPP ministers were sacked, and a state of emergency was declared. In response, PPP members began a campaign of civil disobedience, and during the final months of 1953 and throughout 1954 party members were imprisoned for disobeying the emergency laws. For Martin Carter — imprisoned twice between 1953 and 1954, his house searched for 'subversive literature', separated from his wife Phyllis and their new family, and cut off from his comrades – this period was 'the dark time'. However, these were also poetically fruitful times: on her prison visits Phyllis Carter would smuggle out Carter's latest poems. Although his work was never officially blacklisted (as was much American and British Communist writing), poems such as 'This is the Dark Time My Love' and 'I Come From the Nigger Yard' point clearly to Carter's revolutionary poetics and its threat to the status quo – 'I come from the nigger yard of yesterday / leaping from the oppressors' hate / and the scorn of myself'. As the Socialist poet, Bertolt Brecht wrote in the 1930s: 'In the dark times / Will there also be singing? / Yes, there will be singing / About the dark times'[1].

Yet Carter should not be understood simply as a poetic spokesman for the PPP. His work was first published in 1948 in *Kyk-Over-Al*, the literary and cultural magazine edited by the Guyanese poet, A. J. Seymour. Seymour did not support Carter's radical politics, but his magazine provided a forum in which ideas about the status and nature of Caribbean identity could be discussed. It is to Seymour's credit that he published Carter's *The Hill of Fire glows Red* (1951). And even more so that he was the first publisher of the seminal poem, 'University of Hunger', during Carter's imprisonment. Although Carter seceded from the PPP in the late 1950s after charges of ultra-leftism were made against him, his poetry remained concerned to address the historical legacies and social conditions of people living in Guyana and the Caribbean. But if poetry persisted, the focus of Carter's career changed: after resigning from the civil service he worked as a teacher. In 1959 he moved to the sugar conglomerate, Bookers, as information officer; the irony of working within the colonial establishment was not lost on Carter, but the mood of British colonial politics had shifted, and Carter joined a company restructuring in preparation for Guyana's independence.

Carter returned to politics in 1967, and to a political system still suffering from Guyana's turbulent road to independence in 1966. Poems such as 'Groaning in this Wilderness' and 'Black Friday 1962' provide an uneasy narrative of the racial conflict and fraught social relations which defined the early 1960s in Guyana:

> And I was with them all,
> when the sun and streets exploded,
> and a city of clerks
> turned a city of men!
> [...]
> So now obsessed I celebrate in words
> all origins of creation, whores and virgins:
> I do it hand upon groin,
> Swearing this way, since other ways are false![2]

Riots, the burning of Georgetown, the deaths of over a hundred Guyanese people are prompts for Carter's poetry, yet there is another concern that can be traced as early as 'Listening to the Land' and that preoccupies the poet in 'They Say I Am': the construction and uses of poetic utterance. Work such as 'Black Friday 1962' ironically 'celebrates' the freedoms enjoyed in the developing Guyanese nation, articulating the impossibilities of forcing language to render experience onto the page, as well as the volatile potential for language

19

to reshape that experience. As Minister of Information and Culture from 1967-1970 Carter's initial enthusiasm for this distinctively linguistic role in Burnham's PNC (People's National Congress) government was replaced by his disappointment at increasing government corruption, and the poet who Andrew Salkey hoped could redeem the role of the Guyanese politician – 'a poet who may yet do a very serious injury to the sterile vocabulary and syntax of bureaucracy'[3] – resigned permanently from politics.

Concepts of freedom dominate Carter's poetry: from the denial of freedom that characterised slavery, to the political call for Guyanese liberation, the social concern for individual liberties, and a philo-sophical inquiry into the freedoms of expression gained through language. In the 1970s Carter's wide demands for freedom were shared by the newly formed Working People's Alliance (WPA). Although never a member, Carter sympathised with the party's unswerving condemnation of Burnham's 1980 dictatorial constitu-tion, and supported the WPA's Walter Rodney in his call for resolution between the Guyanese races. Physical attacks upon critics of the government were common, and in 1978 Carter was among those beaten during a demonstration. Yet it was the murder of Father Bernard Darke in 1979 and Walter Rodney's assassination in 1980 that marked the criminality condoned in Guyana. And the paradox for Carter: during this second 'dark time' came the finest poetry. In 1977 *Poems of Succession* appeared containing a new collection, 'The When Time'. A self-critical paean to the African-American activist, Angela Davis, a provocatively opaque discourse on the Cuyuni river, a painful meditation upon the suicide of the Trinidadian poet, Eric Roach, the startling brevity and beauty of the love poem, 'Before the Question' and the cruel comedy of 'There is no Riot' all proved Carter's range. And this was followed in 1980 by the precise, often ruthlessly crafted *Poems of Affinity*. Carter's apparent poetic silence during the mid-1960s to mid-1970s was revealed to have been a period of constant composition. Writing in rum shops on cigarette packets or working privately in his study, Carter produced a corpus of poems which would secure his reputation as Guyana's foremost poet.

Unlike many writers of his generation, Carter did not emigrate from the Caribbean. Although he travelled widely (as Minister of Information and Culture he represented Guyana at the UN General Assembly in New York, and in 1975 was a writer in residence at Essex University in England) in the poem 'Two' Carter writes, 'a poet cannot truly speak/ to himself save in his/ own country'. Yet the title of national poet was not welcomed by Carter – the writer who was nicknamed 'the poems man' refused to write according to public demands. His exacting poetry does not commemorate a simplistic notion of Guyanese identity; indeed in 'Bastille Day – Georgetown (On the occasion of the murder of Father Darke)' Carter writes a furious parody of national celebration:

I have at last started
to understand the origin
of our vileness, and being
unable to deny it, I suggest
its nativity.
In the shame of knowledge
of our vileness, we shall fight.

The precision of Carter's poetry is typified not only by his search for the *mots justes*, but also by a wish to confront the traumatic (and possibly recuperative) implications of that search.

Carter's last work reveals a continued attempt to write crystalline poetry that would illuminate the world in new ways. His densely pared imagery – part of a constantly developing personal, even wilfully esoteric, symbolism – provokes connections between disparate aspects of, and responses to the world: city, niggeryard, scorn, love, river, nativity, vileness, courage, rain, mortality all conflict and cohere in Carter's poetic world. In the poem, 'Three', human scale is read onto topographical scale; as in all his poetry, Carter engages with the mutuality of humanity and environment, and the need to render that mutuality truthfully in language:

For what is rain
but delta? And delta
what but the immortal river
of rain? A thing falling
ever from these mortal
dripping fingers.

Another collection was planned, provisionally titled, *Poems of Mortality*, but after suffering a stroke in 1992 Carter was left unable to talk and walk. His death on December 13 1997 followed a successful battle to recover his speech and mobility, but he had not been able to return to writing poetry. Carter's forty year poetic career did not bring him the international recognition that his work certainly merited. A poet who wrote from the only English-speaking country in South America, and the only continental country in the Anglophone Caribbean it is apt that his work should be translated into Spanish. This is not to argue that Carter is a Latin American poet, nor should it reduce the firm locality of his poetics, yet to read his work in Spanish is to recognise readily what has always been true: that this Guyanese poet speaks with an international voice.

1. Bertold Brecht, 'Motto to the Svendborg Poems', *Poems 1913-1956*, ed. by John Willett and Ralph Manheim (New York and London: Methuen, 1976), p. 320.
2. 'Black Friday 1962', p. 106.
3. Andrew Salkey, *Georgetown Journal*, (Port of Spain and London: New Beacon, 1972), p. 102.

POESÍAS ESCOGIDAS

MARTIN CARTER

TRADUCIDAS POR
SALVADOR ORTIZ-CARBONERES

PROEMIO

No, en el decir de ti, eres
dicho. Confundido y como una raíz
obstruida por una piedra, vuelves interpelando
al árbol que nutres. Pero lo que las hojas oyen
no es lo que las raíces preguntan. Infatigablemente,
siendo en una ocasión lo que iba a ser dicho
y en otra ocasión lo que se ha dicho,
el decir de ti sigue siendo lo vivo en ti
que nunca va a ser dicho. Pero, perdurando,
tú cambias con el cambio que cambia
y con todo no es el cambiar de nada en ti.
Por siempre tú mismo, siempre preparado
a ser tú mismo en algo más siempre conmigo.

NO ME CLAVE LA MIRADA

No me clave la mirada desde su ventana, señora,
no me clave la mirada preguntándose de dónde salí.
En esta ciudad nací, señora,
oyendo los escarabajos a las seis
y los gallos ruidosos por la mañana,
cuando sus manos chafan la sábana de la cama
y la noche es encerrada en el ropero.

Mi mano está llena de líneas
como su pecho con venas, señora,
así que no me clave la mirada preguntándose de dónde salí.
Mi mano está llena de líneas
como su pecho con venas, señora,
y se ha de criar vida, para que alguien mame vida.

No me clave la mirada desde su ventana, señora.
¡Mire fijamente el vagón de los prisioneros!
¡Mire fijamente la carroza fúnebre que por su puerta pasa!
¡Mire fijamente los bohíos en el sur de la ciudad!
Mire con fijeza y razone, de dónde salí
y adónde voy, señora.

Mi mano está llena de líneas
como su pecho con venas, señora,
y se ha de criar vida, para que alguien mame vida.

ESCUCHANDO LA TIERRA

Aquella noche cuando te dejé en el puente
me arrodillé
y de rodillas,
con el oído pegado, escuché la tierra.

De rodillas,
escuché la tierra
y sólo oí susurros apagados.

A mi derecha, detrás del muro, estaba el mar,
el mar que con el bosque no puede traficar;
y de rodillas,
escuché la tierra
y sólo oí susurros apagados
como si un esclavo enterrado quisiera volver a hablar.

YO TIENDO LA MANO

Yo tiendo la mano a una noche de perros que ladran
buscando la lluvia o simples gotas de agua;
pero el viento es sombrío y no trae aguacero para mí
y la calle es desconocida y no tiene un sendero para mí
y el cielo es viejo y no tiene un cometa para mí.

Yo tiendo la mano a una noche de las ramas cansadas
buscando hojas o alguna ramita brotada;
pero la rama está marchita sin ninguna hoja verde para mí
y el tallo es pardo y no tiene un pétalo para mí
y la raíz es raíz primaria perforando en la línea ecuatorial.

Yo tiendo la mano a una noche de angustia persistente
buscando el sueño o el descanso para sanarme;
pero los sueños son algo que nunca vienen al ser llamados
y el dormir es el tiempo que me oculta de mi trabajo
y el descanso es la muerte que me libra de mi jadeo
y los perros y las ramas y los cuartos penumbrosos de angustia
son mundos vivientes que pueblan mis sombras.

TÚ ESTÁS COMPROMETIDO

Esto he aprendido:
hoy una mota
mañana un héroe
héroe o monstruo
¡tú eres consumido!

Como una guía
sacude el telar;
como un tejido
es hilado el diseño,
¡todos estamos comprometidos!
¡todos somos consumidos!

LA UNIVERSIDAD DEL HAMBRE

Es la universidad del hambre el ancho yermo.
Es el peregrinaje del hombre la larga marcha.
La huella del hambre vaga por la tierra.
El árbol verde se dobla sobre los olvidados por muchos años.
Los llanos de la vida se levantan y caen en espasmos.
Las chozas de los hombres se amalgaman en la miseria.

Vienen siguiendo las huellas de los cascos de la mula,
pasando por el antiguo puente,
la fosa del orgullo,
la huida súbita,
el terror y el tiempo.

Vienen de la lejana aldea de la inundación,
pasando del centro del aire al centro de la tierra
en las horas compartidas de la desnudez.

Barras gemelas de hambre marcan sus frentes de metal,
estaciones gemelas se mofan de ellos
resecando la sequía y la inundación.

Es los oscuros,
los semi-hundidos en la tierra.
Es los que no tenían voz en el vacío,
en lo increíble,
en lo sin sombra.

Vienen pisando el suelo de barro del año,
mezclándose con las pesadas aguas oscuras
y el sonido marino del murciélago fugaz sin ojos.
¡Oh larga es la marcha de los hombres y larga es la vida
y ancho es el trecho!

Es el polvo en el aire y la larga distancia del recuerdo,
es la hora de la lluvia cuando los sapos insomnes callan,
es las chimeneas ruinosas sin humo en el viento,
es la oscura chabola hedionda y los montones de hierro dentados.

Vienen en largas filas hacia la vasta ciudad,
es la luna de oro como una gran moneda en el cielo,
es el suelo de hueso bajo el suelo de carne,
es el pico de la enfermedad rompiéndose en la piedra.
¡Oh larga es la marcha de los hombres y larga es la vida
y ancho es el trecho!
¡Oh frío es el viento cruel cuando sopla!
¡Oh frío es el azadón en la tierra!

Vienen como los pájaros del mar
batiendo sus alas en la estela de un barco.
Es la tortura del ocaso en vendajes púrpura,
es el poder del fuego extendido como el polvo en el crepúsculo,
es las melodías acuáticas de espuma blanca en la arena rugosa.

Las largas calles de la noche se pasean arriba y abajo
revelando los muslos de una mujer
y la caverna de la progenitura.
El tambor resonante aparece y desaparece.
Los hombres barbados se desploman y se duermen.
Los gallos del alba se ponen de pie y cantan como clarines.

Es los que se levantan a la madrugada,
mirando la luna que muere en la aurora.
Es los que oyen el estallido de la granada y el estruendo del hierro.
Es los que no tenían voz en el vacío,
en lo increíble,
en lo sin sombra.
¡Oh larga es la marcha de los hombres y larga es la vida
y ancho es el trecho!

MUERTE DE UN CAMARADA

La Muerte no debe encontrarnos pensando que morimos.

Demasiado pronto, demasiado pronto
te cubre nuestro estandarte.
Preferiría
el estandarte en el viento.
No ceñido tan apretadamente
en un pliegue escarlata;
no mojado, mojado
con las lágrimas de tu pueblo,
sino destellando en el asta
que portamos en alto
abajo y allende esta parda, parda faja de andrajos.

Querido Camarada,
si debe ser
que ya no hables conmigo,
que ya no sonrías conmigo,
que ya no marches conmigo,
entonces déjame tomarlo
con paciencia y calma,
porque incluso ahora la hoja más verde estalla,
el sol ilumina la piedra
y todo el río quema.

Ahora desde la vanguardia de la mañana que avanza,
querido Camarada, te saludo y te digo:
La Muerte no nos encontrará pensando que morimos.

YO VENGO DEL CERCADO DE LA NEGRADA

Yo vengo del cercado de la negrada de ayer,
huyendo del odio del opresor
y del desprecio de mí mismo;
de la agonía de la oscura chabola en la lobreguez
y la vejación de las cosas;
de los largos días de la crueldad y las largas noches del dolor
hasta las anchas calles de mañana, de pasado mañana
huyendo vengo, los que no puedan ver oirán.

En el cercado de la negrada estaba desnudo como un recién nacido,
desnudo como una piedra o una estrella.
Era una cuna de los días ciegos meciéndose en el tiempo,
desgarrada como la piel de la espalda de un esclavo.
Era un suelo doliente sobre el que me arrastraba
sobre las manos y las rodillas,
buscando en el polvo la huella de una raíz
o la impresión de una hoja o la forma de una flor.

Era yo siempre el que caminaba descalzo
encontrando rostros raros como los de los sueños y la fiebre,
cuando todo el mundo se llena de confusión
y nadie sabe qué es el cielo o la tierra,
qué corazón es el de uno entre lo desgarrado o herido,
qué cara es la de uno entre lo desconocido y terrible,
deambulando, gimiendo en el viento.

Y siempre había música triste en alguna parte de la tierra,
como un clarín y un tambor entre las casas,
voces de mujeres cantando en la distancia,
pausas de silencio, luego un torrente de sonido.
Pero éstas eran cosas como los fantasmas o los espíritus del viento.
Era sólo un gran mundo girando afuera
y hombres, nacidos en la agonía, desgarrados en la tortura, retorcidos
  y rotos como una hoja,

y la mañana inquietante, las camas del hambre
  manchadas y sórdidas
como el mundo, vasto y cruel, girando afuera.

Sentado a veces en el crepúsculo cerca del bosque
donde toda la luz y todos los pájaros se han ido,
descubro una estrellita cercana a una hoja,
una gotita de luz, un trozo de cristal
filtrándose sobre un cielo poco iluminado
como una semilla chispeante en el destino de la penumbra.
Oh, el corazón era como esta estrellita cerca de las penas
filtrándose en contra de todo el mundo y el largo crepúsculo,
chispa del sueño del hombre conquistando la noche,
moviéndose en la oscuridad obstinada y feroz,
hasta que las hojas y el ocaso cambian del verde al azul
y las sombras crecen como gigantes por todas partes.

Así volví a nacer, obstinado y feroz,
gritando entre las chabolas.
Era una ciudad y el espacio de un ataúd por casa,
un río fluyendo, cárceles, hospitales,
hombres borrachos y muriéndose, jueces llenos de desdén,
curas y pastores protestantes engañando a dioses con palabras
y yo, como un perro enredado en harapos,
salpicado de llagas cubiertas de polvo,
gritando con hambre, colérico con la vida y los hombres.

Era un niño nacido de una madre llena de su sangre,
forjando su rostro, sangrando su vida en coágulos.
Era el dolor que perdura de horas a meses y a años,
tejiendo una figura, contando un relato, dejando un rasgo
en la cara, en la frente.
Hasta la llegada de los días de hierro fundidos en una forja,
donde los hombres forjan martillos, objetos que no se pueden romper
y duros yunques pesados y el frío como el hielo.

Y así llegué a ser otra vez uno de los diez miles,
uno de los incontables padecimientos que posee la tierra.
Cuando la luna salía sólo las rameras podían bailar
el jazz desvergonzado de la música que palpita y gime,
llenando el aire nocturno saturado de preguntas cadenciosas.
Era la vaina y la simiente estimulando el fuego,
el parto y la fosa retando a la vida.

Hasta hoy en medio del tumulto,
cuando la tierra cambia y el mundo está todo en convulsión,
cuando las distintas voces se juntan para decir lo mismo
y los corazones diferentes palpitan al unísono,
cuando en el suelo dolorido en el lugar donde yo vivo
la tierra cambiante se retuerce dándose forma,
vuelvo a tomar mi vida de la negrada, mi desdén
y se lo echo a la cara de los que me odian.
Es el muchacho negro convirtiéndose en hombre,
uniendo mis dedos, soldando mi carne a la libertad.

Yo vengo del cercado de la negrada de ayer
huyendo del odio del opresor
y del desprecio de mí mismo.
Vengo al mundo con cicatrices sobre mi alma
heridas en mi cuerpo, furia en mis manos,
me vuelvo a las historias de los hombres y las vidas de las gentes.
Examino la lluvia de chispas y la riqueza de los sueños.
Me complacen las glorias y me entristecen las penas,
rico con las riquezas, pobre con las pérdidas.
Yo vengo del cercado de la negrada de ayer con mi carga
al mundo de mañana y vuelvo con mi fortaleza.

EN LA CUARTA NOCHE DE LA HUELGA DEL HAMBRE

No he comido por cuatro días.
Me duelen las piernas, mi sangre circula lentamente.
Hace frío esta noche, la lluvia es inesperada y silenciosa.
Y todavía hay algo cálido dentro de mí.

A mi lado mi camarada yace en su cama mirando la oscuridad.
Un viento helado avanza rápido y frío por el mundo.
Es la noche de un día de Navidad, una noche de diciembre.
Nos miramos mientras observamos cómo pasa el tiempo.

Hoy mi mujer me trajo una carta de un camarada.
La escondí en mi pecho para que no la vieran los soldados.
Ellos no podían saber que mi corazón leía ¡»Ánimo»!
Ellos no podían soñar que mi piel tocaba ¡»Lucha»!

Pero camarada, ahora apenas puedo escribir una palabra.
Me duelen las piernas, mis ojos empiezan a nublarse.
Es la cuarta noche de la huelga de hambre, una noche de
  diciembre.
Aprieto tu carta en mi mano...

FIGURA Y MOVIMIENTO TRES

Camino lentamente en el viento,
mirándome en las cosas que no hice;
en las sombras que saltan y en los tullidos que cojean,
el polvo en la tierra y las casas pasando estrecheces y enfermedad,
el dolor constante y profundo, el sueño sin reposo.

Camino lentamente en el viento,
oyéndome en la soledad de un niño,
en el penar de una mujer, que no es comprendida,
en los perros que tosen cuando la medianoche se demora mucho,
en las piedras, en las calles y luego en las estrellas reverberantes
que arden toda la noche y de repente se extinguen.

Camino lentamente en el viento,
reconociéndome en todas las cosas que se mueven,
en los años y los días y las palabras que significan tanto,
las manos fuertes que se estrechan, los largos caminos que caminan
y las proezas que se ejecutan ellas mismas.
Y todo este mundo y todas estas vidas que vivir.

Camino lentamente en el viento,
recordando los desprecios y a los hombres desnudos en la oscuridad
y las chabolas de hierro afianzadas en la tierra.

Las chabolas frías de hierro de pie sobre esta tierra,
como prisiones aherrumbradas.
Cada pared está marcada y cada ancho techo abriéndose
como un ala oscura
proyectando una sombra o una maldición viviente.

Camino lentamente en el viento,
a un rojo y lejano ocaso, dorado y mortecino,
un largo río oscuro en declive hacia un océano,
una barca de pesca, un hombre que no puede ahogarse.

Camino lentamente en el viento,
y los pájaros son veloces, el cielo es azul como la seda.

Desde el vasto y asolador océano de agua
un barco de hierro, oxidado y marrón, echa anclas.
Y el largo río serpentea
silencioso y tranquilo.

Camino lentamente en el viento,
oigo mis pisadas resonando en la marea,
resonando como una ola en la arena o un ala en el viento,
eco resonante, eco resonante,
una voz en el alma, una risa en el extraño silencio.

Camino lentamente en el viento,
camino porque no puedo gatear o volar.

DICEN QUE SOY

Dicen que soy un poeta que escribe para ellos;
a veces río, a veces saludo solemnemente con la cabeza.
No quiero mirarles a los ojos,
no sea que protesten o se escabullan.

Un poeta no puede escribir para los que lo piden,
difícilmente incluso para él mismo, salvo si miente;
las poesías se escriben o para los que se mueren
o para los que aún no han nacido, no importa lo que digamos.

Eso no significa que su público yazca distante
dentro de una matriz o en alguna fría cama del moribundo.
Sólo significa que los que queremos la poesía verdadera
debemos volver a nacer y morir para escribirla.

AL GEMIR EN ESTE YERMO

Al gemir en este yermo del silencio
donde me gritan las voces, apenas humanas,
imito al más oscuro de los insectos
haciendo una madriguera y escondiéndome de la luz.

Al hablar con alguien en una acera de la ciudad,
miré la boca ávida, el ojo artero
me tambaleé y casi me caí en un terror frenético
al ver a un ser humano convertido en un perro.

Al recobrar mi equilibrio, estudié este espejismo
e hice un esfuerzo estúpido para ser fuerte;
saludé con la cabeza, me avine y escuché atentamente.
Pero cuando intenté articular unas palabras- ¡ladré!

AL SUBSTITUIR UN TEMPLO

Al tratar de purificar la repugnancia con palabras
creé una línea que simplemente no puedo recordar.
Hace horas que busco en el recuerdo
a un niño desesperado en un rebosante cubo de basura.

Debería haber sido una línea con sustantivos y verbos
como verdad y amor y esperanza y felicidad.
Pero al mirar alrededor parece que me equivoqué
al substituir un templo por una tienda.

El ver una tienda y soñar con templos sagrados
es contar con que un sapo cante una canción.
Y con todo, quién sabe, quizá alguien se convierta en traductor
cuando todos estos reptiles bípedos se arrastren otra vez.

ASÍ CONSTRUIRÍAMOS

En el gran silencio oigo la lluvia que se acerca;
hay un sonido de conflicto en el cielo.
El lagarto asustado corre rápidamente tras una piedra.
Al principio era el viento, ahora es el ataque violento.

Ojalá este mundo se sumergiera y se anegara otra vez,
así construiríamos otra Arca de Noé
y mandaríamos otra palomita a hallar
lo que hemos perdido en las inundaciones del sufrimiento.

AHORA HABÍA UNO

Ahora había uno a quien conocía de mucho tiempo
y luego otro que merecía mi respeto.
Al primero saludaba, al segundo alababa,
pero todo se acabó, se acabó, el asesino gritó.

Qué camino tomaron, no lo puede decir,
hay tantos caminos y tantos recodos.
No hay un atajo a la integridad.
Todo, todo se acabó, se acabó, el asesino gritó.

No querían matar, sólo quemar,
pero igualmente una acción lo puede transformar todo,
a un hermano en carbón, al amor en crimen.
Sí, todo se acabó, se acabó, el asesino gritó.

VIERNES NEGRO 1962

Hubo algunos que corrieron en una dirección.
Hubo otros que corrieron en otra dirección.
Hubo algunos que no pudieron correr.
Hubo algunos que no volverán a correr.
Y yo estuve con todos ellos,
cuando el sol y las calles explotaron,
y una ciudad de empleados
¡se transformó en una ciudad de hombres!
Fue un día que tenía que llegar,
ya que la totalidad de un cielo matutino,
era un ascua brillante de gloria,
sobre los tejados de las casas.

Nunca lo habría creído.
Yo hubiera expresado un rechazo tajante.
Pero lo vi yo mismo
¡y el cabello fue una masa de fuego!
Ahora obsesionado, conmemoro con palabras
todos los orígenes de la creación, rameras y vírgenes;
lo hago con una mano sobre una ingle,
teniendo fe total en este camino, ¡ya que los otros son falsos!

Porque sólo hay una ruta, una senda, un camino.
Y nada se dobla hacia abajo , sino que va hacia arriba,
como las hojas a la luz solar, los árboles al mismo sol.
Todos, todos los que son humanos fallan,
como las balas dirigidas a la vida,
¡o los muertos que disparan y se creen vivos!

Detrás de un muro de piedra junto a esta ciudad,
el fango es azulgrisáceo cuando las olas del océano retroceden,
¡al sol del mediodía!
Y he visto algunas criaturas surgir de los agujeros

y adherirse a un triunfo como un ciudadano,
¡y reinar hasta la marea!

Por encima de los tejados de hierro de esta ciudad,
veo los buitres adiestrándose en la espera.
Y cada vez y a cualquier hora,
dormido o en vela súbita, pesadilla o sueño,
siempre la misma visión para mí, cementerios, lentos
   funerales,
tumbas en ruinas, y la muerte planeándolo todo.

Lo verdadero, estuvo siempre con todos ellos,
y les dijo más de una vez:
En la desesperación hay esperanza, mas no la hay en la muerte.
Ahora yo lo repito aquí, al sentir un desperdicio de vida,
en una plaza del mercado del sino, ¡mirando al rostro humano!

DESPUÉS DE UN AÑO

Después de hoy ¿cómo hablaré contigo?
Esas desdichas que yo sé que cultivas
son tanto mías como tuyas, o ¿piensas que
al buey imparcial le importa de quién es el campo arado?

Conozco esta ciudad tan bien como tú,
sé cómo ir a los burdeles y a esos destinos
que moran en ellos, como si morasen en nuestras vidas.
Por eso, encarceladme pronto, que rechine la puerta analfabeta
si la libertad no escribe un alfabeto más dichoso.

El antiguo terreno colgante es todavía un verde campo de juegos.
Cementerio tranquilo y jardín orgulloso de altas flores.
Pero en tus gabletes secretos los murciélagos de verdad vuelan
burlándose de los grandes sueños que dan al alma desasosiego,
y por todas partes se cometen acciones injustas.

¡Ciudadano tosco! ¿piensas tú que yo no sé
que el amor se tartamudea y el odio se grita
en todas las ciudades humanas de este mundo?
Los hombres asesinan a los hombres, como ellos deben asesinarlos,
para edificar sus resplandecientes gobiernos de los malditos.

NIÑEZ DE UNA VOZ

La luz oprime y la oscuridad libera
a un hombre como yo, a quien nunca nada le importó;
imaginad, la niñez de una voz
y esa voz de la infancia diciéndome mi nombre.

Pero si sólo cayera la lluvia,
y el cielo que no hemos visto desde hace tanto tiempo
fuera azul otra vez.

La calle blanca y familiar
está cansada de correr siempre en dirección este.
El cielo, de cubrir siempre como un arco.
El árbol, de crecer siempre hacia arriba.

Incluso la tierra redonda está cansada de ser redonda
y de dar vueltas alrededor del sol.

FRAGMENTO DEL RECUERDO

Tenemos un mar en esta costa.
Grandes olas de espuma se quejan perpetuamente.
En los barcos que llegan, en los esclavos negros que mueren,
en el sol caliente que quema —
llevamos un estigma que ninguna lluvia de lágrimas puede borrar.
En el fondo del océano sólo quedan los huesos
rodando como guijarros anegados en muchos años.

Desde el principio de los barcos
siempre había alguien que lloraba cuando las velas
  se perdían.

Tal vez la morena mujer fenicia lloraba
y lloraba porque un barco se hundió...

O después algún muchacho griego con los ojos hinchados
buscó a su padre y sólo vio el mar...

Debe haber algún relato que hable de una esposa
que crió un hijo en la costa española
y luego murió antes de que volviera su esposo marinero...

Desde los comienzos de los barcos
el mar siempre trayendo desgracia
agua y olas, agua y olas una vez más.

En la vida del océano teñido con el recuerdo
¿dónde están los barcos?
Mas nadie lo puede decir hoy.

Los barcos se fueron y los hombres perduran para mostrar
con su recia piel negra la ruta cruzada
por esos navíos.

(1956)

VOCES

Detrás de un árbol verde todo el cielo se está muriendo
en un ocaso de lluvia, en una ausencia de pájaros.
Los grandes charcos de agua yacen en la calle
como océanos del recuerdo hundiéndose en la arena.
El sol se ha rendido demasiado pronto
en los procesos de la conquista donde el triunfo es la lluvia –
¡Oh flor de fuego en un vasto vaso de aire
regresa, regresa a la casa del mundo!

La piedra escarlata es una joya de la muerte
que se encuentra en la arena cuando el océano está seco.
Y la vida de la luz se quedará en alguna otra parte
cerca de la lluvia y del árbol cuando éstos estén solos.
¡Oh primer retoño de la hoja y la última fruta caída,
vuestras raíces crecieron antes de respirar el aire!

El cielo sólo floreció porque el hombre creció en altura
desde la orilla del agua donde las piedras cayeron y se hundieron.
Y ese singular desvanecimiento de la forma en el espíritu
fue trazado por un caracol y fue hallado en una palabra.
¡Oh flor de fuego en un vasto vaso de aire
regresa, regresa a la casa del mundo!

(1957)

SOBRE UNA ACERA

Yo no sabía que las aceras de las ciudades
estuvieran tan dispuestas a ser ensuciadas.
Así, cuando te conocí
lo menos que pude hacer fue coger
el cigarrillo encendido de mi boca
y colocarlo suavemente entre tus perturbados labios.

Y si al hacer esto transmití mi locura,
dejad pues que la acera pague el peaje.
Dejad que esas mentes, que son como las mentes
   de los postes de cemento que centellean
rojo para parar, ámbar para despacio, verde proseguir,
enloquezcan también y reciban una insensibilidad bendita.

Porque yo estoy convencido de que la muerte ayuda poco.
Sólo imaginad lo que es estar destinado a convertirse en
   un renacuajo
nadando en alguna forma original de obscenidad
ya que las fuerzas de la naturaleza sólo tuvieron la elección
   de dividirnos.

Pero cualquiera que seamos, el polvo sobre una acera muda
o los hombres cargados con el amor de los hombres y las mujeres,
el amor digo, de los hombres que sienten amor por la vida de sus
   espíritus,
o el amor de las mujeres que sienten amor por sus
propias vidas y las de otros cuerpos y otros espíritus;
-cualesquiera que seamos- nunca olvidemos cubrir,
con una mano delicada, la frente de un niño que todo lo ve.
Cuanto más tardemos en hacerlo, por más tiempo la naturaleza
   desunirá.

(1971)

50

SI DEPENDIERA

Si dependiera de mí
habría tenido una conversación seria
con el fértil cuadrante del reloj solar.
Pero por otra parte, admito, que habría tenido que cambiar
  el idioma de los muertos.

Habría tenido que vagar por el cementerio donde
  los vivos
creen que guardan los féretros barnizados
que se mofan de ellos al hacerles hacer
coronas de flores para ellos mismos y cementerios para sus
  pasiones
y victorias que nada significan para ellos
aunque ellos ganen el trofeo de la vida;
esa acopada mano de angustia
abierta por el amor (pero esparciendo dolor
como semillas de arrozal) en la sequía devastadora.

(1971)

PARA ÁNGELA DAVIS

Resplandores de lluvia en ese hemisferio
de mi mente
donde no mucho más pasa;
ni rayos de sol ni aguaceros
e indudablemente no florece el
poder del amor que tú estimas
y que tanto colma mi lengua
dedicada al discurso
en los necesarios talleres
donde la libertad es obscena.

Y de una ventana pardusca cae la
feliz consecuencia de las nubes
que las raíces de los árboles apasionados
reciben con gratitud resplandeciente
y que acaso vuelva a nosotros
andando el tiempo
y en sus formas particulares,
uniendo la mano a la fruta
y la fruta a la promesa de nuestra
devota esperanza y amor
y el triunfo del esfuerzo del
siempre pulso palpitante
en la muñeca y la sien del arquitecto
que está en guerra.

Estoy pensando en ti,
Ángela Davis
estoy pensando en ti y
lo que quiero hacer
es ordenar a las albercas secas
de lluvia

que mojen tus pies cansados y
eleven tu rostro
al obsequio del techo de
las nubes que te adeudamos.

(1971)

CUYUNI

Dentro de mi sueño alerta
un rugido de agua sobre la roca obstinada
era el murmullo de la sangre en la matriz de mi madre.
Y cuando me desperté
empecé a volver a escuchar.

¿Por qué el agua,
la eternamente agua corriente del río,
nunca se detiene para descansar en el lomo de las rocas?
O incluso en ese lugar que Dios ha designado para ella
lejos del matrimonio violento del sol y la lluvia y el viento
y el nacimiento y la muerte de los árboles, el parto de las raíces
que crecen debajo de la anhelante y ascendiente faz
de la por siempre beneficiosa agua
que esconde los testículos de las estaciones
en su ingle y la mía.
Es por ésta y por otras indudables razones
que he decidido tener sólo una relación superficial
con éste eternamente desvaneciente, eternamente río corriente
y hablar de ella en una clave
que pocos puedan conocer íntimamente;
y la conclusión increíble no es un final
sino un cerrar de labios
y hablar de ello francamente en lugares comunes
tal vez provoque su furia y en ese frenesí
libere uno de sus muchos demonios
y mande su ira a vagar por el vacío por mí.
Así que si por ventura en algún estúpido arrebato de arrogancia
dije algo que algún tonto pueda entender
y este río me oyó, y decidió vengarse,
¿dónde está el que pueda darme
las armas que yo podré usar?

Si cualquiera de vosotros puede, estaré preparado a arriesgarme.
Pero debo advertiros que si los buenos consejos
resultan tan ineficaces como un canalete en la cascada
vosotros os alegraréis de ser transformados, tanto como yo
tengo que alegrarme,
por la margen de este río lento y amenazador
a merced del balanceo de la vista del halcón
y lejos del sonido del idioma
donde todavía los dioses viven y meditan en tronos de piedra.

(1972)

¿CÓMO ES POSIBLE?

Así pues
¿cómo es posible
la traición
del espíritu?

El mendigo
finge que su lengua
es pesada;
y sin embargo su muleta,
su muleta de madera
¡es ligera!

Y él puede levantarla
como cualquier sombrero
y hacerla flotar en el aire
lo mismo que un pájaro.

Así pues
¿cómo es posible
la traición
del espíritu?

Así pues
¿cómo es posible
la confusión del habla?

Así pues
¿cómo es posible
el prolongado deleite del aire,
la sensación de poder
y la sensación de pasión

creada por la muleta tiesa
y de madera del espíritu
y la lengua?

(1972)

EN UNA CIUDAD PEQUEÑA EN EL CREPÚSCULO

En una ciudad pequeña en el crepúsculo
es difícil discernir
al pájaro del murciélago. Los dos vuelan velozmente;
uno huyendo de la oscuridad
y el otro yendo hacia la oscuridad.
El pájaro a un nido en el árbol,
el murciélago a un festín en sus ramas.

Extraños entre sí, buscan
provistos de pico o garra o destreza,
el mismo árbol que crece de la tierra grandiosa.
Y yo sabía, incluso antes de venir a vivir aquí,
antes de que la ciudad tuviera tantas casas,
que el crepúsculo sirvió lo mismo al pájaro y al murciélago
y sirve lo mismo al hombre.

(1972)

LAS HOJAS DEL LIRIO CAÑACORO

Las hojas del lirio cañacoro cerca de la acera
tiemblan como mis propios dedos.
Y los bordes rasgados de la nube en el cielo
están quebrados como los labios de un niño idiota.
Para andar la calle, a aquel hombre de corazón íntegro
nunca debe preocuparle, nunca debe tratar de preguntarse,
por qué las hojas del lirio cañacoro
o los bordes de las nubes
tiemblan como sus propios dedos
o permanecen quebrados como los labios de su propia boca.

Y sería tan bueno si pudiéramos aprender
que mientras la muerte es una cosa definitiva,
es mucho más probable un destino peor
al que estamos condenados a vivir por siempre.
Se me ocurrió una vez durante un súbito esclarecimiento
que todos nosotros, al haber nacido una vez
nunca podemos morir, nunca podemos elegir el tipo de sueño
que soñamos, o reconocer el despertar.

Así en parte es por lo que cada día llega la posibilidad
de saltar por encima del puente, o mirar la carcasa
   del sol.

(1972)

ANTES DE LA PREGUNTA

Tijeretadas brillantes de la noche lejana
como un par de tijeras de acero azul.
La tormenta retumba en la garganta del sapo
alegre por la lluvia salvaje.
Y todo lo que yo quiero hacer es arrodillarme,
arrodillarme ante ti, oyéndola.

(1973)

OH MI COMPAÑERO

Esta tarde las blancas aves marinas
estaban calladas, muy calladas, hasta que
una nube sobre el sol las persuadió
que era el ocaso del sol. Los peces se reían
del anzuelo en el cebo. Los flotadores de corcho bailaban.

Donde estás tú, estoy yo. Perdido y buscando
pregunto al yermo. El viento
es humo azul. Del incendio
no brotan las llamas. A lo lejos,
el día es un extranjero. Si se ahoga un niño
el cielo tiene la culpa. Si el ave marina se pierde,
la tiene el sol. Oh mi compañero.

(1973)

LA GRAN OSCURIDAD

Al girar en órbita, el mismo sol tiene un sol
como la luna una tierra, un hombre una mente.
Y la vida no es un asunto de sólo una madre.
Es también una cuestión de la probabilidad del espíritu,
fortaleza del tejido del por siempre tejedor tejiente.
Yo no sé cómo hablar, atrapado como estoy
en la gran oscuridad de la luminosa coherencia de las palabras.

Y el poder unidor del amor contiene al viento inquieto;
aun cuando el cielo se estremece y la vida gira
alrededor del tiempo, alrededor de la muerte, contiene al viento
inquieto, como si uno contuviera al otro, como si se contuvieran
   el uno al otro.

SOBRE UN NIÑO MUERTO POR UN AUTOMÓVIL

Niño, hace un momento de amor
bailabas en el ojo de la mujer
que te hizo. Dentro de otro momento,
como el trigo inocente que hizo la barra
de pan que ella te mandó a buscar
en este campo de la tierra arada del corazón,
¡tú fuiste desgranado!

(1974)

EL NIÑO SE METIÓ EN ALTA MAR

El niño se metió en alta mar
pero regresó huyendo de las olas, porque
el niño no sabía que el mar
en el horizonte, no es el mismo mar
arrebatando la orilla.

Lo que todos los niños quieren está siempre
a lo lejos; como el mar
en el horizonte. Mientras, en la orilla
cercana, a los pies de todos los niños
el agua poco profunda, al comerse los bordes
de las islas y los continentes hace poco más,
poco más que la espuma como saliva
en el ángulo de la boca inarticulada
de algún otro niño que quiere meterse
en alta mar, adentro del horizonte.

(1974)

SOBRE LA MUERTE, AL AHOGARSE, DEL
POETA ERIC ROACH

Es mejor ahogarse en el mar
que morir de asfixia en el aire
desafortunado. Oí el traqueteo
en el río; era el golpe de la pala
rascando la borda de una barca.
Al menos el recuerdo es amable; los labios de la muerte
maldicen la vida. Y la ventana enfrente de mi casa,
por el portón de entrada de mis hijos, esa ventana
deja entrar el aroma de la blanca gloria cerosa
del franchipán, y el dolor.

(1974)

A PUNTO DE PASARME

De tu casa a través de las calles nocturnas
caminé cómodamente en la lluvia,
entre sus gotas. Detrás de los cristales
las caras que nunca vivieron me miraban descaradamente
mientras me alejaba de tu casa a través de la lluvia.
Los faroles eran fulgores preventivos.
Entonces, súbitamente supe
que lo que yo pensé que era alguien caminando
hacía mí, a través de la lluvia, echando
su propia sombra, era en realidad yo mismo
a punto de pasarme a mí mismo de camino
a tu casa.

(1974)

NO HAY DISTURBIOS

Incluso aquel alborozo desesperado se ha ido.
Las botellas vacías, ya no son trofeos,
ahora son armas. Incluso los astutos
se quejan: -Si lo que quieres es hablar- me dijo ella,
-estás perdiendo el tiempo conmigo. Prueba la Iglesia-.
Una vez, a causa de la lluvia
no hubo disturbios. Otra vez
fue porque al terrorista se le olvidó
traer la bomba. Ahora, en estos días
aunque no llueve, y el recuerdo de las bombas está fresco
no hay disturbios. Pero por todas partes
las botellas vacías y rotas brillan como ruinas.

(1975)

PARA MI HIJO

La calle está a oscuras.
Los niños están durmiendo.
La humanidad está soñando.
Es la medianoche.

Es la medianoche.
El sol se escondió.
Las estrellas se asoman a las cunas.
El día parece distante.

¿Quién despertará
a una pequeña flor
durmiendo y creciendo
hora tras hora?

El rocío está despierto.
La mañana llega pronto.
La humanidad se levantó.
Las flores florecerán.

TAN NUEVO Y TAN VIEJO (I)

Cada día es tan viejo
como lo es el nuevo día. El tiempo
se representa así mismo. La noche simula
la regla de las estrellas; como simulamos
el buen haz de la luz. La pizarra
del niño acosada por la tiza. El alfabeto
de la esperanza en una estación de insectos. El arrastrarse
de la bestia en una estación de días. Sin
disculparme, recuerdo por qué cada
día era una vez un nuevo día. Tan nuevo
y tan viejo como mi niñez errante
entre la hierba. El mundo es un viento
frío. Es un vaso de agua grata
en un lugar desagradable de la sed.
Ve con Dios lluvia. ¿Cuándo volveré
a saborear tu alta nube? Tras haber engañado
a los dioses en un viejo día, buscamos
ahora engañar a los nuevos
en un nuevo día.

TAN NUEVO Y TAN VIEJO (II)

Esta mañana es nueva, pero el sol
que la hizo es viejo. Nuevo y viejo
es el rostro del gran dolor del mundo,
un tipo de música escuchamos y oímos
cuando la fatiga del silencio construye
nuestra casa de la lengua en esta garganta
de viento, la laringe inflexible. Una hoja verde
en la rama del árbol pulsa
el espacio ignominioso de nuestro tiempo. Somos
su compás.

BOSQUE TROPICAL

Cada gota clara de lluvia sirve para oscurecer
las torres verdes; cada grano
de arena blanca, las partículas
de oro brillante. Éstas son del recuerdo
como lo son las noches de amor, dentro
de nuestra selva humana de perdición.

Es lo mismo en todas partes.
Las hormigas destruyen a las hormigas.
El peligro está vagamente al acecho,
como hace siempre,
en los menos y más fértiles
propósitos de las obras
del ánimo humano. Las ciénagas
son traicioneras. Las rápidas cañadas
de agua idéntica son hermosas
y tranquilas, un grito, un solo grito humano,
como quiera empezado, lo abarca todo.

ARROZ

¿Para qué sirve la lluvia o el arroz, si no es
para una olla vacía; y la olla para
una aldea hambrienta? El hijo
ocupa el puesto de su padre en un linaje
para contar como él hizo, demorando,
añadiendo la última a la primera
de sus pérdidas; su cosecha
de arrozal de viento violento. Para él
la luna nueva fue árida como la luna llena
que prometía. El mar siempre
tan salado como húmedo. En sus cálculos
su cosecha era la parte que él segaría
cuando él engañara, como la luna y el mar.

ENCORVADO

En la calle, el sol
brama. La espalda encorvada
de una anciana resucita
el cubo rebosante de la luz
y la agonía insufrible de este
mundo. Un daño de años.

Su encorvada espalda, marca mal
el paso, y el arrastrarse
es ceniza; es la nube comprimida
de un anhelo increíble.

La última vez que la vi
ella fue mucho más real
que el daño de los años
cargado sobre su espalda. El
cielo, azul y eterno,
la imita. Encorvado.

MUÉSTRAME UNA POCA LIBERTAD

Muéstrame una poca libertad, diferente
a ésta. El tictac del tiempo
es la astronomía de nuestro sino. Al preocuparse
demasiado poco, nuestra voz traiciona las horas
que pisamos. Apenas anoche
soñé ansiosamente que un perro abandonado,
como haríamos nosotros, devoraba a un gatito. Asimismo,
en la ignominia del firmamento Orión
el gran cazador del cielo huía enfrente
de nosotros. Con todo, me mantengo vigilante. No
sólo veo sus malas manos, sino
sus peores ojos. Todo venda los ojos. La lluvia
y los meteoros quieren ahora en esta estación
abandonar sus artificios de la caída.

JIRÓN DE PRODIGIO

Tu pelo en mi mano es un jirón
de prodigio. No paro de buscar para encontrar
cuál de mis muchas identidades ha descubierto
por qué en mi mano tu cabello es un jirón
de prodigio. Un perro ladra a veces
porque siente sorpresa. Otras veces
porque tiene miedo. Pero sea sorpresa
o miedo, nuestras identidades viles se niegan a buscar
y descubrir por qué el cabello de la amada
es un jirón de prodigio, visto que miedo y sorpresa
son extraños a todas las identidades viles.

PARA CÉSAR VALLEJO (I)

Hermano, partamos ahora
nuestro pan juntos. Mi
plato es un mundo pequeño. Mi
mundo es un plato pequeño. De
un lugar en el cual los platos
y los mundos son útiles
que hemos reconstruido nosotros
mismos, con un poder de diferencia.
César Vallejo, los papagayos
dicen tu nombre, fértil como
la lluvia. Mi uso del lenguaje
se arrodilla al oírlo.
Yo, que sólo quería ser
y tener un nombre.

PARA CÉSAR VALLEJO (II)

Orgullosos de ser burdos,
vulgarizamos el orgullo, haciendo
del acto un tema de controversia. Incluso
las cucarachas han empezado
a escapar de algunas
de nuestras casas muy sucias.
Ellas, conociendo mejor
su destino ineludible,
mejor que muchos de nosotros,
se pavonean de su orgullo
de insecto, menos burdo que el nuestro.
Ellas nos desprecian, y yo
pienso que es por esto por lo que tantas
se escapan de nuestras sucias casas.

Al no querer rechazarlo,
lo creí. Al no querer
creerlo, rechacé
nuestro día de la Bastilla. Esto,
no es nada que asaltar. Este
catorce de julio. Con
mis propios ojos, vi al feroz
criminal pasarse por ciudadano
con un arma, un pedazo de madera
y cinco para uno. Reímos
la risa de la Bastilla. Éstos no son
los hombres de la muerte. Una olla
de arroz es su vil recompensa.

Al fin he comenzado
a entender el origen
de nuestra bajeza, y
al no poder negarla, evoco
su nacimiento.
En la vergüenza del conocimiento
de nuestra bajeza, lucharemos.

VIBRO

Maldito, maldigo, con
un labio verde por una nueva boca.
Un verde y más enojado lápiz
por un dedo. Y una estación
más libre y mucho más espantosa
por un clima. Casi
por todas partes, he vagado. A menudo
morí y me soñé
de vuelta a la mortalidad. Empero
todo permanece un singular
todavía. La muerte y los sueños son
cálidos. Pero también tan fríos como
las maldiciones que pronuncio acerca
de mí mismo. A menudo repito, yo
he muerto y he soñado. Y
cuando veo un árbol verde, vibro.

PARA WALTER RODNEY

Los asesinos de la conversación
sepultan la voz
que ellos asesinan, en el sepulcro
querido de la voz, que nunca va a callar.
Me siento en la presencia de la lluvia
en el sonido feroz del cielo
de los pies de algunos que
no sólo, matan el origen de la lluvia,
sino también, el tobillo
de la ramera, tan melindroso
como el gran combate, el esposo
del agua. Más arriesgado, riesgo.
Yo trato de moldear un cielo
de lágrimas, para ti.

(1980)

UNA

Los árboles están colocados como las plañideras por una tristeza;
la raíz, el tallo, y la corona de flores, y arriba en lo alto, la copa.
Y un lagarto patas arriba camina en la luna.
Vana repulsa del duelo. Caerá.
La balanza nunca existió. El huso urde el hilo.
El hilar el huso. Y un trabajo el trabajo.
Cuerpo del alma, ¿qué mundo es como éste
si no es éste? ¿Qué perversidad tan adecuada
como la de esta escalera inclinada? La cosa para ser antes
debe ser la cosa otra vez. Más grande es lo que fue primero
y permanece lo primero. Otra vez porque antes.
Aparte porque entre. Todo es dominio.
La playa que rompe es la que lo hace océano.

Así no se hace, no. Oh no,
no así. Se hace, así,
como pienso que lo hago yo,
más bien no, tampoco así, sino sólo
justo en una demora, en un
momento, en un año, en
y este momento, este
pasado justo así. Porque
un poeta no puede en verdad hablarse
a sí mismo salvo en su
propio país; incluso entre
los temerosos de la alegría, los envidiosos
del orgullo. Portadores de estandartes
de su derrota y la de ellos. Justo
así. Y el tambor taimado.

Reteniendo la lluvia, me identifico
con el detenido. Pero
no más jamás el cosmos. El barro
es el cordón de la bota
del piar silvestre del pájaro. O
la flauta, la mismísima que
imaginé en el viaje
de la música de la flauta, antes
y después de la pérdida. Cuando
la lluvia se convierte en el agua del triunfo
del casco de un caballo es
el tiro de la honda del pellejo
de las estrellas; imitando las gotas
de la nunca detenida lluvia
del ciego destino
del mundo. ¿Para qué es la lluvia
excepto para ser delta? ¿Y el delta
excepto para ser el río inmortal
de la lluvia? Una cosa cayendo
siempre de estos mortales
dedos goteantes.

CUATRO

Los perdonados no son los salvados. Los vivos
solamente los no ahorcados. Cuando aquel escalón
de la horca se hundió, nadie lo pisaba.
Ya todos habían sido ahorcados.
El verdugo se había ido a casa. No hay carcoma
en su casa. Así se me dijo y vi, pero
todavía, al no ver, dudo. Porque
en todas partes algo presagiado
y anterior siempre va a pasar.
Y en todas partes algo prescrito
y mortal se ajusta al método.
El mismo verdugo, el privar
a la carcoma de la consumación de su ocupación
en el escalón de la casa y de la horca,
ninguna confianza traicionada,
tal verdad cual ésta recobrada
y la famosa justicia servida.

MARTIN CARTER

SELECTED POEMS

PROEM

Not, in the saying of you, are you
said. Baffled and like a root
stopped by a stone you turn back questioning
the tree you feed. But what the leaves hear
is not what the roots ask. Inexhaustibly,
being at one time what was to be said
and at another time what has been said
the saying of you remains the living of you
never to be said. But, enduring,
you change with the change that changes
and yet are not of the changing of any of you.
Ever yourself, you are always about
to be yourself in something else ever with me.

DO NOT STARE AT ME

Do not stare at me from your window, lady,
do not stare and wonder where I came from.
Born in this city was I, lady,
hearing the beetles at six o'clock
and the noisy cocks in the morning
when your hands rumple the bed sheet
and night is locked up in the wardrobe.

My hand is full of lines
like your breast with veins, lady -
So do not stare and wonder where I came from.
My hand is full of lines
like your breast with veins, lady,
and one must rear, while one must suckle life.

Do not stare at me from your window, lady.
Stare at the wagon of prisoners!
Stare at the hearse passing by your gate!
Stare at the slums in the south of the city!
Stare hard and reason, lady, where I came from
and where I go.

My hand is full of lines
like your breast with veins, lady,
and one must rear, while one must suckle life.

LISTENING TO THE LAND

That night when I left you on the bridge
I bent down
kneeling on my knee
and pressed my ear to listen to the land.

I bent down
listening to the land
but all I heard was tongueless whispering.

On my right hand was the sea behind the wall
the sea that has no business in the forest
and I bent down
listening to the land
and all I heard was tongueless whispering
as if some buried slave wanted to speak again.

I STRETCH MY HAND

I stretch my hand to a night of barking dogs
feeling for rain or any dropping water:
But the wind is dark and has no shower for me
and the street is strange and has no pathway for me
and the sky is old and keeps no comet for me.

I stretch my hand to a night of weary branches
feeling for leaves or any twig of blossom:
But the branch is withered with no green leaf for me
and the stalk is brown and has no petal for me
and the root is tap root boring in equator.

I stretch my hand to a night of clinging distress
feeling for sleep or any rest to heal me:
But dreams are things that never come at calling
and sleep is time that hides me from my labour
and rest is death that rids me of my panting
and dogs and branches and dim rooms of distress
are living worlds that populate my dark.

YOU ARE INVOLVED

This I have learnt:
today a speck
tomorrow a hero
hero or monster
you are consumed!

Like a jig
shakes the loom;
like a web
is spun the pattern
all are involved!
all are consumed!

is the university of hunger the wide waste.
is the pilgrimage of man the long march.
The print of hunger wanders in the land.
The green tree bends above the long forgotten.
The plains of life rise up and fall in spasms.
The huts of men are fused in misery.

They come treading in the hoof-marks of the mule
passing the ancient bridge
the grave of pride
the sudden flight
the terror and the time.

They come from the distant village of the flood
passing from middle air to middle earth
in the common hours of nakedness.

Twin bars of hunger mark their metal brows
twin seasons mock them
parching drought and flood.

is the dark ones
the half sunken in the land.
is they who had no voice in the emptiness
in the unbelievable
in the shadowless.

They come treading on the mud floor of the year
mingling with dark heavy waters
and the sea sound of the eyeless flitting bat.
O long is the march of men and long is the life
and wide is the span.

is air dust and the long distance of memory
is the hour of rain when sleepless toads are silent
is broken chimneys smokeless in the wind
is brown trash huts and jagged mounds of iron.

They come in long lines toward the broad city
is the golden moon like a big coin in the sky
is the floor of bone beneath the floor of flesh
is the beak of sickness breaking on the stone
O long is the march of men and long is the life
and wide is the span
O cold is the cruel wind blowing.
O cold is the hoe in the ground.

They come like sea birds
flapping in the wake of a boat
is the torture of sunset in purple bandages
is the powder of fire spread like dust in the twilight
is the water melodies of white foam on wrinkled sand.

The long streets of night move up and down
baring the thighs of a woman
and the cavern of generation.
The beating drum returns and dies away.
The bearded men fall down and go to sleep.
The cocks of dawn stand up and crow like bugles.

is they who rose early in the morning
watching the moon die in the dawn.
is they who heard the shell blow and the iron clang.
is they who had no voice in the emptiness
in the unbelievable
in the shadowless.
O long is the march of men and long is the life
and wide is the span.

DEATH OF A COMRADE

Death must not find us thinking that we die.

Too soon, too soon
our banner draped for you.
I would prefer
the banner in the wind.
Not bound so tightly
in a scarlet fold
not sodden sodden
with your people's tears
but flashing on the pole
we bear aloft
down and beyond this dark dark lane of rags.

Dear Comrade,
if it must be
you speak no more with me
nor smile no more with me
nor march no more with me
then let me take
a patience and a calm
for even now the greener leaf explodes
sun brightens stone
and all the river burns.

Now from the mourning vanguard moving on
dear Comrade I salute you and I say
Death will not find us thinking that we die.

I COME FROM THE NIGGER YARD

I come from the nigger yard of yesterday
leaping from the oppressors' hate
and the scorn of myself;
from the agony of the dark hut in the shadow
and the hurt of things;
from the long days of cruelty and the long nights of pain
down to the wide street of to-morrow, of the next day
leaping I come, who cannot see will hear.

In the nigger yard I was naked like the new born
naked like a stone or a star.
It was a cradle of blind days racking in time
torn like the skin from the back of a slave.
It was an aching floor on which I crept
on my hands and my knees
searching the dust for the trace of a root
or the mark of a leaf or the shape of a flower.

It was me always walking with bare feet,
meeting strange faces like those in dreams or fever
when the whole world turns upside down
and no one knows which is the sky or the land
which heart is his among the torn or wounded
which face is his among the strange and terrible
walking about, groaning between the wind.

And there was always sad music somewhere in the land
like a bugle and a drum between the houses
voices of women singing far away
pauses of silence, then a flood of sound.
But these were things like ghosts or spirits of wind.
It was only a big world spinning outside
and men, born in agony, torn in torture, twisted and
   broken like a leaf,

and the uncomfortable morning, the beds of hunger
  stained and sordid
like the world, big and cruel, spinning outside.

Sitting sometimes in the twilight near the forest
where all the light is gone and every bird
I notice a tiny star neighbouring a leaf
a little drop of light a piece of glass
straining over heaven tiny bright
like a spark seed in the destiny of gloom.
O it was the heart like this tiny star near to the sorrows
straining against the whole world and the long twilight
spark of man's dream conquering the night
moving in darkness stubborn and fierce
till leaves of sunset change from green to blue
and shadows grow like giants everywhere.

So was I born again stubborn and fierce
screaming in a slum.
It was a city and a coffin space for home
a river running, prisons, hospitals
men drunk and dying, judges full of scorn
priests and parsons fooling gods with words
and me, like a dog tangled in rags
spotted with sores powdered with dust
screaming with hunger, angry with life and men.

It was a child born from a mother full of her blood
weaving her features bleeding her life in clots.
It was pain lasting from hours to months and to years
weaving a pattern telling a tale leaving a mark
on the face and the brow.
Until there came the iron days cast in a foundry
Where men make hammers things that cannot break
and anvils heavy hard and cold like ice.

And so again I became one of the ten thousands
one of the uncountable miseries owning the land.
When the moon rose up only the whores could dance
the brazen jazz of music throbbed and groaned
filling the night air full of rhythmic questions.
It was the husk and the seed challenging fire
birth and the grave challenging life.

Until to-day in the middle of the tumult
when the land changes and the world's all convulsed
when different voices join to say the same
and different hearts beat out in unison
where on the aching floor of where I live
the shifting earth is twisting into shape
I take again my nigger life, my scorn
and fling it in the face of those who hate me.
It is me the nigger boy turning to manhood
linking my fingers, welding my flesh to freedom.

I come from the nigger yard of yesterday
leaping from the oppressors' hate
and the scorn of myself.
I come to the world with scars upon my soul
wounds on my body, fury in my hands
I turn to the histories of men and the lives of the peoples.
I examine the shower of sparks the wealth of the dreams.
I am pleased with the glories and sad with the sorrows
rich with the riches, poor with the loss.
From the nigger yard of yesterday I come with my burden.
To the world of to-morrow I turn with my strength.

ON THE FOURTH NIGHT OF A HUNGER STRIKE

I have not eaten for four days
My legs are paining, my blood runs slowly
It is cold to-night, the rain is silent and sudden,
And yet there is something warm inside of me.

At my side my comrade lies in his bed watching the dark.
A cold wind presses chilly on the world.
It is the night of a Christmas day, a night in December,
We watch each other noting how time passes.

To-day my wife brought me a letter from a comrade.
I hid it in my bosom from the soldiers.
They could not know my heart was reading 'Courage'!
They could not dream my skin was touching 'Struggle'!

But comrade now I can hardly write at all,
My legs are paining, my eyes are getting dark.
It is the fourth night of a hunger strike, a night in
    December.
I hold your letter tightly in my hand...

SHAPE AND MOTION THREE

I walk slowly in the wind,
watching myself in things I did not make:
in jumping shadows and in limping cripples
dust on the earth and houses tight with sickness
deep constant pain, the dream without the sleep.

I walk slowly in the wind,
hearing myself in the loneliness of a child
in woman's grief, which is not understood
in coughing dogs when midnight lingers long
on stones, on streets and then on echoing stars,
that burn all night and suddenly go out.

I walk slowly in the wind
knowing myself in every moving thing
in years and days and words that mean so much
strong hands that shake, long roads that walk
and deeds that do themselves.
And all this world and all these lives to live.

I walk slowly in the wind,
remembering scorn and naked men in darkness
and huts of iron rivetted to earth.

Cold huts of iron stand upon this earth
like rusting prisons.
Each wall is marked and each wide roof is spread
like some dark wing
casting a shadow or a living curse.

I walk slowly in the wind
to lifted sunset red and gold and dim
a long brown river slanting to an ocean
a fishing boat, a man who cannot drown.

I walk slowly in the wind
and birds are swift, the sky is blue like silk.

From the big sweeping ocean of water
an iron ship rusted and brown anchors itself.
And the long river runs like a snake
silent and smooth.

I walk slowly in the wind.
I hear my footsteps echoing down the tide
echoing like a wave on the sand or a wing on the wind
echoing echoing
a voice in the soul, a laugh in the funny silence.

I walk slowly in the wind
I walk because I cannot crawl or fly.

THEY SAY I AM

They say I am a poet write for them:
Sometimes I laugh, sometimes I solemnly nod.
I do not want to look them in the eye
lest they should squeal and scamper far away.

A poet cannot write for those who ask
hardly himself even, except he lies;
Poems are written either for the dying
or the unborn, no matter what we say.

That does not mean his audience lies remote
inside a womb or some cold bed of agony.
It only means that we who want true poems
must all be born again, and die to do so.

Groaning, in this wilderness of silence
where voices hardly human shout at me
I imitate the most obscure of insects
and burrow in the soil, and hide from light.

Speaking with one on a pavement in the city
I watched the greedy mouth, the cunning eye
I reeled and nearly fell in frantic terror
seeing a human turn into a dog.

Recovering, I studied this illusion
and made a stupid effort to be strong:
I nodded and agreed and listened close.
But when I tried to utter words - I barked!

TO SUBSTITUTE A TEMPLE

Trying with words to purify disgust
I made a line I simply can't remember:
For hours now I've poked through memory
a desperate child in a jam-packed garbage can.

It should have been a line with nouns and verbs
like truth and love and hope and happiness.
But looking round it seems I was mistaken
to substitute a temple for a shop.

To see a shop and dream of holy temples
is to expect a toad to sing a song.
And yet, who knows, someone may turn translator
when all these biped reptiles crawl again.

SO THAT WE BUILD

In a great silence I hear approaching rain:
There is a sound of conflict in the sky.
The frightened lizard darts behind a stone.
First was the wind, now is the wild assault.

I wish this world would sink and drown again
So that we build another Noah's ark
And send another little dove to find
what we have lost in floods of misery.

NOW THERE WAS ONE

Now there was one whom I knew long ago
And then another to whom I paid respect:
The first I would salute, the second praise
But all is gone, all gone, the murderer cried.

Along what road they went he cannot say
So many roads there are, so many bends.
There is no short cut to integrity
All, all is gone, all gone, the murderer cried.

They did not mean to kill only to burn
But then one act can transform everything
A brother into charcoal, love to crime
Yes, all gone, all gone, the murderer cried.

were some who ran one way.
were some who ran another way.
were some who did not run at all.
were some who will not run again.
And I was with them all,
when the sun and streets exploded,
and a city of clerks
turned a city of men!
Was a day that had to come,
ever since the whole of a morning sky,
glowed red like glory,
over the tops of houses.

I would never have believed it.
I would have made a telling repudiation.
But I saw it myself
and hair was a mass of fire!
So now obsessed I celebrate in words
all origins of creation, whores and virgins:
I do it with a hand upon a groin,
swearing this way, since other ways are false!

For is only one way, one path, one road.
And nothing downwards bends, but upward goes,
like leaves sunlight, trees to the sun itself.
All, all who are human fail,
like bullets aimed at life,
or the dead who shoot and think themselves alive!

Behind a wall of stone beside this city,
mud is blue-grey when ocean waves are gone,
in the midday sun!
And I have seen some creatures rise from holes

and claw a triumph like a citizen,
and reign until the tide!

Atop the iron roof tops of this city
I see the vultures practising to wait.
And everytime, and anytime,
in sleep or sudden wake, nightmare, dream,
always for me the same vision of cemeteries, slow
     funerals
broken tombs, and death designing all.

True, was with them all,
and told them more than once:
in despair there is hope, but there is none in death.
Now I repeat it here, feeling a waste of life,
in a market-place of doom, watching the human face!

AFTER ONE YEAR

After today, how shall I speak with you?
Those miseries I know you cultivate
and mine as well as yours, or do you think
the impartial bullock cares whose land is ploughed?

I know this city much as well as you do,
the ways leading to brothels and those dooms
dwelling in them, as in our lives they dwell.
So jail me quickly, clang the illiterate door
if freedom writes no happier alphabet.

Old hanging ground is still green playing field.
Smooth cemetery proud garden of tall flowers.
But in your secret gables real bats fly
mocking great dreams that give the soul no peace,
and everywhere wrong deeds are being done.

Rude citizen! Think you I do not know
that love is stammered, hate is shouted out
in every human city in this world?
Men murder men, as men must murder men,
to build their shining governments of the damned.

CHILDHOOD OF A VOICE

The light oppresses and the darkness frees
a man like me, who never cared at all:
Imagine it, the childhood of a voice
and voice of childhood telling me my name.

But if only the rain would fall,
and the sky we have not seen so long
come blue again.

The familiar white street
is tired of always running east.
The sky, of always arching over.
The tree, of always reaching up.

Even the round earth is tired of being round
and spinning round the sun.

FRAGMENT OF MEMORY

We have a sea on this shore
Whole waves of foam groan out perpetually.
In the ships coming, in the black slaves dying
in the hot sun burning down –
we bear a mark no shower of tears can shift.
On the bed of the ocean bones alone remain
rolling like pebbles drowned in many years.

From the beginning of ships
there was always someone who wept when sails
    were lost.

Perhaps the brown Phoenician woman cried
and cried again because a ship went down...

Or then some Grecian boy with swollen eyes
looked for his father only saw the sea...

There must be some tale telling of a wife
who bred a son upon the Spanish coast
then died before her sailor husband came...

From the beginnings of ships
the sea was always making misery
water and wave, water and wave again.

On life the ocean stained with memory
where are the ships?
But none can say today.

The ships are gone and men remain to show
with a strong black skin what course those keels
    had cut.

(1956)

VOICES

Behind a green tree the whole sky is dying
in a sunset of rain in an absence of birds.
The large pools of water lie down in the street
like oceans of memory sinking in sand.
The sun has committed itself far too soon
in the trials of conquest where triumph is rain —
O flower of fire in a wide vase of air
come back, come back to the house of the world.

Scarlet stone is a jewel of death
to be found in the sand when the ocean is dry.
And the life of the light will stay somewhere else
near the rain and the tree when these are alone.
O first sprouting leaf and last falling fruit
your roots came before you were given to air.

Sky only blossomed because man grew tall
from the edge of the water where stones fell and sank.
And that strange dissolution of shape into spirit
was traced from a snail and was found in a word:
O flower of fire in a wide vase of air
come back, come back to the house of the world.

(1957)

ON A PAVEMENT

I did not know the pavements of cities
were so willing to be soiled.
Thus, when I met you
the least I could do was take
the lighted cigarette from my mouth
and place it gently between your mind-torn lips.

And if in so doing I passed on
my madness, then let the pavement pay the toll.
Let those minds which are as the minds of concrete
    posts
blinking out red for stop, amber for slow, green for go
go mad too and gain a blessed unconsciousness.

Because I am convinced that death is of little help.
Only imagine what it is to be destined to become a
    tadpole
swimming in some original form of obscenity
since the forces of nature had no choice but to
  divide us.

But whatever we are, dust on a voiceless pavement
or men loaded with the love of men and women
the love I say, of men who love for the life of their
    spirits,
or the love of women who love for the life
of their own and other bodies and other spirits:
whatever we are, let us never forget to wrap
a tender hand upon the all-seeing brow of a child.
The longer we take to do so, the longer will nature
    divide.

(1971)

IF IT WERE GIVEN

If it were given to me
I would have had a serious conversation
with the fertile dial of the clock of the sun.
But then, I admit, I would have had to change
   the language of the dead.

I would have had to haunt the cemetery where
      the living
believe they put away the varnished coffins
which mock them into making
wreaths for themselves and graveyards for their
      passions
and victories that mean nothing to them
though they win the trophy of life:
that cupped hand of anguish
open for love (but scattering pain
like seeds of padi) in the murdering drought.

(1971)

FOR ANGELA DAVIS

Rain blazes in that hemisphere
of my mind
where little else happens
neither sunshine nor cloudburst
and certainly not the blossoming of the
power of love you cherish
which so much overwhelms my tongue
given to speech
in the necessary workplaces
where freedom is obscene.

And from a drab window falls the
happy consequence of clouds
which the roots of passionate trees
receive with splendid gratitude
and which may return to us all in
their time
and in their special ways,
linking hand to fruit
and fruit to the promise of our
prayerful hope and love
and the triumph of the effort of
the always beating pulse
in the wrist and temple of the architect
who wars.

I am thinking about you,
Angela Davis
I am thinking about you and
what I want to do
is to command the drying pools
of rain

to wet your tired feet and
lift your face
to the gift of the roof of
clouds we owe you.

(1971)

CUYUNI

Inside my listening sleep
a roar of water on stubborn rock
was the whisper of blood in the womb of my mother.
And when I awoke
I began listening again.

Why does water
ever running water of the river
never pause to take a rest on the back of rocks?
Or even on that place God has designed for it
out of the violent marriage of sun and rain and wind
and the birth and death of trees, labour of roots
growing beneath the seeking upward face
of the ever yielding water
which hide the testicles of seasons
in its own and my groin.
It is for this reason and certain others
I have decided to have only an acquaintance
with this ever dropping, ever racing river
and to speak of it in a code
few can measure nearly;
and the unbelievable conclusion is not an ending
but a closing of lips
and to talk about it openly in common places
may well provoke its fury, and in that fury
liberate one of its many demons
and send his anger roaming the void for me.
So then if perhaps in some stupid fit of arrogance
I said something any fool can understand
and this river heard me, and decided on vengeance,
where is one who could give me
weapons I shall be able to use?

If any of you can I shall be willing to take the risk.
But I must warn you if good advices
prove as useless as a paddle in the falls
you will be happy to be transformed as much as I will
    have to
by the side of this menacing, sullen river
at the mercy of the swing of hawk sight
and far from the noise of language
where gods still live and brood on thrones of rock.

(1972)

HOW COME

So now
how come
the treason
of the spirit?

The beggar man
pretends his tongue
is heavy;
and yet his crutch
his wooden limb
is light!

And he can fling it up
like any hat
and sail it in the air
just like a bird.

So now
how come
the treason
of the spirit?

So now
how come
the bafflement of speech?

So now
how come
the long delight of air
the sense of power
and the sense of passion
created by the dead and wooden
crutch of the spirit
and tongue?
(1972)

IN A SMALL CITY AT DUSK

In a small city at dusk
it is difficult to distinguish
bird from bat. Both fly fast:
one away from the dark
and one toward the dark.
The bird to a nest in the tree
The bat to a feast in its branches.

Stranger to each other they seek
planted by beak or claw or hand
the same tree that grows out of the great soil.
And I know, even before I came to live here,
before the city had so many houses
dusk did the same to bird and bat and does
the same to man.

(1972)

THE LEAVES OF THE CANNA LILY

The leaves of the canna lily near the pavement
tremble like my own fingers.
And the torn edges of the cloud in the sky
are ragged like the lips of an idiot child.
To walk the street, that man whose heart is whole,
must never care, must never try to wonder
why the leaves of the canna lily
or the edges of the cloud
tremble like his own fingers
or stay ragged like the lips of his own mouth.

And it would be so good if we could learn
that while death is a final thing,
it is most likely a worse destiny
to be damned to live forever.
For it came to me once in a sudden enlightenment
that all of us, having once been born
can never die, can never choose the kind of sleep
we dream of, or recognise awake.

So this is partly why every day the chance comes
to jump over the bridge, or watch the carcass of
    the sun.

(1972)

BEFORE THE QUESTION

Lightning clips the far night
like a pair of blue-steel scissors
Thunder rolls in the throat of a toad
glad for the wild rain.
And all I want to do is kneel down,
kneel down before you, hearing it.

(1973)

This afternoon white sea-birds
were quiet, very quiet, until
a cloud over the sun fooled them
it was sunset. The fishes laughed
at the hook in the bait. The cork danced.

Where you are, I am. Lost and seeking
I question the waste. The wind
is blue smoke. From the fires
no flame sprouts. In the distance
day is a foreigner. If a child drowns
it is the sky's fault. If sea-birds stray
the sun's. O my companion.

(1973)

THE GREAT DARK

Orbiting, the sun itself has a sun
as the moon an earth, a man a mind.
And life is not a matter of a mother only.
It is also a question of the probability of the spirit,
strength of the web of the ever weaving weaver
I know not how to speak of, caught as I am
in the great dark of the bright connection of words.

And the linked power of love holds the restless wind
even though the sky shudders, and life orbits
around time, around death, it holds the restless wind
as each might hold each other, as each might hold
    each other.

ON A CHILD KILLED BY A MOTOR CAR

Child, a moment of love ago
you danced in the eye of the woman
who made you. Within another moment
like the innocent wheat that made the loaf
of bread she sent you for
in this field of the heart's ploughed land
you were threshed!

(1974)

THE CHILD RAN INTO THE SEA

The child ran into the sea
but ran back from the waves, because
the child did not know the sea
on the horizon, is not the same sea
ravishing the shore.

What every child wants is always
in the distance; like the sea
on the horizon. While, on the shore
nearby, at the feet of every child
shallow water, eating the edges
of islands and continents does little more,
little more than foam like spittle
at the corners of the inarticulate mouth
of some other child who wants to run
into the sea, into the horizon.

(1974)

ON THE DEATH BY DROWNING
OF THE POET, ERIC ROACH

It is better to drown in the sea
than die in the unfortunate air
which stifles. I heard the rattle
in the river; it was the paddle stroke
scraping the gunwale of a corial.
Memory at least is kind; the lips of death
curse life. And the window in the front of my house
by the gate my children enter by, that window
lets in the perfume of the white waxen glory
of the frangipani, and pain.

(1974)

ABOUT TO PASS ME

From your house through the night streets
I walked easily in the rain
between the drops of it. Behind window panes
faces that never lived stared at me
as I walked away from your house through the rain.
Street lights were averted glances.
Then, suddenly I knew,
what I thought was someone walking
toward me, coming through the rain, casting
his own shadow, was really myself
about to pass me on his way
to your house.

(1974)

THERE IS NO RIOT

Even that desperate gaiety is gone.
Empty bottles, no longer trophies
are weapons now. Even the cunning
grumble. "If is talk you want," she said,
"you wasting time with me. Try the church."
One time, it was because rain fell
there was no riot. Another time
it was because the terrorist forgot
to bring the bomb. Now, in these days
though no rain falls, and bombs are well remembered
there is no riot. But everywhere
empty and broken bottles gleam like ruin.

(1975)

FOR MY SON

The street is in darkness
Children are sleeping
Mankind is dreaming
It is midnight

It is midnight
The sun is away
Stars peep at cradles
Far seems the day

Who will awaken
One little flower
Sleeping and growing
Hour and hour

Dew is awake
Morning is soon
Mankind is risen
Flowers will bloom

AS NEW AND AS OLD (I)

Every day is as old
as a new day is. Time
represents itself. Night fakes
the rule of stars; as we fake
light's good pencil. A child's
chalk ridden black board. Alphabet
of hope in a season of insects. Crawl
of the beast in a seasons of days. I
unapologetic, remember why every
day was once a new day. As new
and as old as my childhood roaming
among grass. The world is a cold
wind. It is a glass of sweet water
in a grim place of thirst.
Farewell rain. When again shall I
taste your high cloud? Having betrayed
old gods in an old day, we seek
now to betray new ones
in a new day.

AS NEW AND AS OLD (II)

This morning is new, but the sun
that made it is old. New and old
is the face of the world's great grief,
a kind of music we listen to and hear
when the toil of silence builds
our house of language in this wind's
throat, the grim larynx. A green leaf
on the branch of a tree fingers
our time's disgraceful space. We
are its measure.

RAIN FOREST

Every clear rain drop helps to obscure
the green towers; every grain
of white sand the specks
of bright gold. These are of memory
as nights of love are, inside
our human forest of loss.

It is the same everywhere.
Ants lay waste ants.
Peril lurks ambiguously
as it always does
in the least or most fertile
purposes of the works
of human courage. The swamps
are treacherous. The hustling creeks
of identical water are beautiful
and still, one cry, one however begun
human cry, contains all.

RICE

What is rain for, if not rice
for an empty pot; and pot for
in a hungry village? The son
succeeds his father in a line
to count as he did, waiting,
adding the latest to the first
of his losses; his harvests
of quick wind padi. For him
the new moon was dry like the full moon
that promised. The sea always
as salt as wet. In his calculation
his yield was the share that he would reap
when he cheated, like the moon and the sea.

BENT

On the street, the sun
rages. The bent back of
an old woman resurrects
the brimmed bucket of this world's
light and insupportable
agony. A damage of years.

Her bent back, time's bad
step, and the creeping out
is ash; is the crushed cloud
of an incredible want.

The last time I saw her
she was far more truthful
than the damage of the years
carried on her back. The
sky, blue and ever,
imitates her. Bent.

SHOW ME A LITTLE FREEDOM

Show me a little freedom, different
from this. Time's tick tock
is our doom's astronomy. Caring
too little our voice betrays the hours
we tread upon. Only last night
I dreamed a stray dog eagerly,
as we would, devoured a kitten. Similarly,
in the firmament's disgrace Orion
the great sky hunter fled in front
of us. Yet I keep watch. Not
only their bad hands but worse
eyes I see. Everything blindfolds. Rain
and meteors want now in this season
to surrender their arts of falling.

RAG OF WONDER

Your hair in my hand is a rag
of wonder. I keep searching to find
which one of my many selves has found out
why in my hand your hair is a rag
of wonder. A dog barks sometimes
because it is surprised. Some other times
because it is afraid. But whether surprised,
or afraid, our vile selves refuse to search
and to find out why love's hair
is a rag of wonder, since fear and surprise
are foreign to every vile self.

FOR CESAR VALLEJO (I)

Brother, let us now break
our bread together. My
plate is a small world. My
world a small plate. From
a place in which plates
and worlds are utensils
we have reconstructed our
selves, with a power of difference.
Cesar Vallejo. The parrots
call your name, fertile as
rain. My habit of utterance
kneels down at the sound of it.
I, who only wanted to be
and to have a name.

Proud of being coarse, we
coarsen pride, making
the act an issue. Even
cockroaches have begun
to flee from some
of our very dirty houses.
They, knowing better
their inevitable destination
better than many of us do,
flaunt their insect
pride, less coarse than ours.
They scorn us, which, I
think, is why they flee
so many of our dirty houses.

BASTILLE DAY – GEORGETOWN

Not wanting to deny, I
believed it. Not wanting
to believe it, I denied
our Bastille day. This
is nothing to storm. This
fourteenth of July. With
my own eyes, I saw the fierce
criminal passing for citizen
with a weapon, a piece of wood
and five for one. We laugh
Bastille laughter. These are
not men of death. A pot
of rice is their foul reward.

I have at last started
to understand the origin
of our vileness, and being
unable to deny it, I suggest
its nativity.
In the shame of knowledge
of our vileness, we shall fight.

I TREMBLE

Accursed, I curse, with
a green lip for a new mouth.
A green and wilder pencil
for a finger. And a freer
and much more dreadful
season for a climate. Almost
everywhere, I have wandered. Often
died and dreamed myself
back to mortality. Still
everything remains a peculiar
yet. Death and dreams are
warm. But also as cold as
the curses I utter about
myself. Often I repeat, I
have died and dreamed. And
when I see a green tree, I tremble.

FOR WALTER RODNEY

Assassins of conversation
they bury the voice
they assassinate, in the beloved
grave of the voice, never to be silent.
I sit in the presence of rain
in the sky's wild noise
of the feet of some who
not only, but also, kill
the origin of rain, the ankle
of the whore, as fastidious
as the great fight, the wife
of water. Risker, risk.
I intend to turn a sky
of tears, for you.

(1980)

141

ONE

Trees are arranged like mourners by a sadness
Root, stem, and wreath, and high above, the crown.
And a lizard upside down walks on the moon.
Futile rebuke of mourning. It will fall.
Balance was never. The spindle warps the thread.
The spin the spindle. And a work the work.
Body of soul, which world is like this one
if not this one? Which waywardness as right
as this scale learning? The thing to be before
must be the thing again. More is that which was first
and stays the first. Again because before.
Apart because between. All is dominion.
The beach it breaks on is what makes it ocean.

Not so is it done, O no
not so. It is done, so,
as I think I am doing it,
neither not, nor so, but only
just in a wait, in a
moment, in a year, in
and this moment, this
yester just so. Because
a poet cannot truly speak
to himself save in his
own country: even among
the fearers of joy, enviers
of pride. Standard bearers
of his and their defeat. Just
so. And the sly drum.

Withholding rain, I identify
myself with the withholden. But
no more ever cosmos. Mud
is the lacing of the boot
of a bird's wild whistle. Or
flute, the very same one I
imagined in the journey
of the flute's music, before
and after loss. When
rain becomes water the triumph
of a horse's hoof is
the sling shot of the pelt
of stars; imitating the drops
of the never to be withholding
rain of the world's blind
destiny. For what is rain
but delta? And delta
what but the immortal river
of rain? A thing falling
ever from these mortal
dripping fingers.

FOUR

The spared are not the saved. The living
but the unhanged. When that stair
of the gallows collapsed, no one was treading
on it. All had been hanged already.
Hangman gone home. No wood ants
in his house. So I was told and saw, but
still, not seeing, doubt. Because
everywhere something betokened
and previous is always to happen.
And everywhere something ordained
and mortal is rightly to method.
Hangman himself to bereave
wood ants their trade to accomplish
in stair of house and of gallows,
nor confidence betrayed,
truth such as this recovered
and famous justice made.

LIST OF FURTHER READING

Martin Carter: poetry

The Hill of Fire glows Red (Georgetown: Master Printery, 1951).
The Kind Eagle (Poems of Prison) (Georgetown: Author, 1952).
The Hidden Man (Other Poems of Prison) (Georgetown: Author, 1952)
Returning (Georgetown: Author, 1953).
Poems of Resistance from British Guiana (London: Lawrence and Wishart, 1954).
Poems of Shape and Motion (Georgetown: Author, 1955).
Conversations (Georgetown: Author, 1961).
Jail Me Quickly: Five Poems (Georgetown: Author, 1966).
Poems of Succession (Port of Spain and London: New Beacon Books, 1977).
Poems of Affinity (Georgetown: Release Publications, 1980).
Selected Poems (Georgetown: Demerara Publishers, 1989; Georgetown: Red Thread Women's Press, 1997).

Martin Carter: prose

New World Quarterly: Guyana Independence Issue, Martin Carter and George Lamming, eds. (1966).
Man and Making — Victim and Vehicle: Edgar Mittelholzer Lecture (Georgetown: The National History and Arts Council, Ministry of Information and Culture, 1971).
Address to the Eighth Convocation Ceremony at the University of Guyana (Georgetown: University of Guyana, 1974).
Kyk-over-al: A Martin Carter Prose Sampler, 44 (May 1993).

General

Baugh, Edward, *West Indian Poetry, 1900-1970: a Study in Cultural Decolonization* (Kingston: Savacou, 1971).
Brathwaite, Edward Kamau, 'Resistance Poems: The Voice of Martin Carter', *Caribbean Quarterly*, 23 (June-September 1977), 7-23.
Brown, Stuart, ed., *All Are Involved: the Art of Martin Carter* (Leeds: Peepal Tree, 1999)

151

Harris, Wilson, *Explorations: A Selection of Talks and Articles 1966-1981*, ed. Hena Maes-Jelinek (Mundrelstrup: Dangeroo Press, 1981).

Jagan, Cheddi, *The West On Trial: My Fight For Guyana's Freedom* (London: Michael Joseph, 1966).

Morrison, Andrew, *Justice: The Struggle For Democracy In Guyana 1952-1992* (Georgetown: Red Thread Women's Press, 1998).

Rodney, Walter, *A History of the Guyanese Working People 1881-1905* (London: Heinemann Educational Books, 1981).

Rodway, James, *The Story of Georgetown* (Georgetown: Argosy, 1920; Georgetown: Guyana Heritage Society, 1997).

Rohlehr, Gordon, 'The poet and citizen in a degraded community: Martin Carter's Poems of Affinity (1978-1980)'. Speech delivered at the Caribbean Conference of Intellectual Workers, Grenada, November 20-22 1982.

Roopnaraine, Rupert, *Web of October: Rereading Martin Carter* (Leeds: Peepal Tree Press, 1986).

Salkey, Andrew, *A Georgetown Journal: A Caribbean Writer's Journey from London via Port of Spain to Georgetown, Guyana, 1970,* (Port of Spain and London: New Beacon Press, 1972).

Seymour, A. J., ed., *A Treasury of Guyanese Poetry* (Georgetown: Guyana National Lithographic, 1980).

NOTES ON CONTRIBUTORS

David Dabydeen is a writer from Guyana. He is Professor of Literature at the University of Warwick, and Guyana's Ambassador to UNESCO.

Salvador Ortiz-Carboneres teaches Spanish language and Latin American poetry at the Language Centre, University of Warwick. He has compiled and edited numerous workbooks and readers for Spanish language students and has written and taught a course for broadcast on BBC Radio 4. Other activities include reviewing Spanish teaching texts and critical appraisals for the *Times Educational Supplement*, as well as acting as academic advisor to the Royal Shakespeare Company. He has taught Spanish and given conference papers on translation and Spanish art in India, Malaysia, Iceland, Italy, Poland, Sweden and the Philippines. He has also written articles on the Spanish poets Antonio Machado, and Federico García Lorca. Among his published translations are poems by Antonio Machado, Miguel de Unamuno and Gabriela Mistral. His translation of *Platero and I* by Juan Ramón Jiménez, 1956 winner of the Nobel Prize for Literature, was published in 1990. His latest publication, *Nicolás Guillén's World of Poetry*, is a book about the rich poetry and popular themes of Cuba's greatest twentieth century poet.

Gemma Robinson is currently writing her Ph.D. dissertation on Martin Carter at the University of Cambridge. She is a graduate of the universities of Warwick and Cambridge.